Robert Vittoz

Jenseits der Wälder

Das abenteuerliche Leben
des Indianermissionars James Evans

BRUNNEN VERLAG GIESSEN/BASEL

ABCteam-Bücher erscheinen in folgenden Verlagen:
Aussaat- und Schriftenmissions-Verlag Neukirchen-Vluyn
R. Brockhaus Verlag Wuppertal
Brunnen Verlag Gießen
Christliches Verlagshaus Stuttgart
Oncken Verlag Wuppertal

CIP-Kurztitelaufnahme der Deutschen Bibliothek

Vittoz, Robert:
Jenseits der Wälder: d. abenteuerl. Leben d. Indianer-
missionars James Evans / Robert Vittoz – 2. Taschenbuch-
aufl. – Giessen; Basel: Brunnen-Verlag, 1986.
(ABC-Team; 3286)
Einheitssacht.: Terres glacées <dt.>
ISBN 3-7655-3286-X
NE: GT

Lizenzausgabe
mit freundlicher Genehmigung
des Gotthelf-Verlags, Zürich

2. Taschenbuchauflage 1986
(Die 1. Auflage erschien unter dem Titel:
„Pionier unter Rothäuten")

1986 Brunnen Verlag Gießen
Umschlagfoto: Bildagentur Schuster/Möller
Umschlaggestaltung: Martin Künkler
Herstellung: Ebner Ulm

INHALT

James Evans schrieb auf seinen Reisen ein Tagebuch. Dieses wurde leider verbrannt. Ich habe versucht, es zu rekonstruieren, und zwar auf Grund der folgenden Werke:

L'Apôtre du Nord, Biographie aus der Feder des Missionars Young, übersetzt von Mlle. de Rougemont;

Sur les pistes glacées, Schilderung der Reisen des Missionars Young;

Verschiedene Veröffentlichungen der *Mährischen Mission*;

Von Grönland zum Stillen Ozean, von Rasmussen.

DER INDIANER IST VERSCHWUNDEN

DIE LICHTUNG

Mein Leben ist bestimmt worden durch ein Abenteuer in meiner Jugendzeit. Wir lebten in Kanada, in Quebec. Es war im Jahre 1811, und ich war zehn Jahre alt.

Eines Abends sagte unser Vater: »Ihr Kinder müßt euch jetzt in acht nehmen; im Wald drüben lagert ein Indianerstamm. Es sind Kinderräuber. Bleibt in der Nähe des Hauses und macht keine Abstecher auf dem Schulweg.«

Am nächsten Morgen in der Schule redeten wir von nichts anderem als von den Rothäuten. Unsere Neugier war aufs höchste gereizt, jeder wollte die Indianer sehen, mit ihnen sprechen, sie berühren. Indianern begegneten wir auf den Straßen Quebecs zwar dauernd, doch diese lebten unter Weißen und waren nicht mehr interessant. Aber ein richtiger Indianerstamm, der im Wald kampierte, das mußte wunderbar sein!

Zu Hause erzählten wir, was die Schulkameraden gesagt hatten; meine Eltern erschraken, als sie meine kindliche Begeisterung sahen. »Sei vorsichtig, geh' nicht aus der Nähe des Hauses, sie sind sehr gefährlich. Sie sind schrecklich anzusehen, diese wildlebenden Indianer . . . Sie haben schon Kinder entführt.«

In der Tat war ich der Gefahr stärker ausgesetzt als meine Schulkameraden, denn wir wohnten am Stadtrand, nicht weit vom Wald. Die Angst meiner Eltern war also ganz verständlich. Durch ihre ängstlichen Ermahnungen wurde jedoch meine Neugier nicht herabgemindert; im Gegenteil, mein Verlangen, die Indianer zu sehen, wuchs nur noch mehr.

Der Wunsch ging in Erfüllung — rascher als ich dachte. 16. Juni 1811. — Es kam so plötzlich, ich war so überrascht, daß ich nicht einmal auf den Gedanken kam, zu schreien. Eine große bräunliche Gestalt sprang aus dem Wald hervor in einem Wirbel bunter Federn; bevor ich mich versah, hatte mich der Mensch gepackt.

Er läuft in großen Sätzen, er trägt mich, als sei ich nur ein winziges Kaninchen. Habe ich Angst? Kaum; sicher nimmt er mich ins Lager mit; meine Neugier, es zu sehen, übertönt meine Angst.

Au! Ein Zweig hat mir die Haut aufgeschrammt. Geben Sie doch acht, Herr Indianer! O weh, und jetzt heule ich, nicht aus Angst, sondern vor Zorn. Die Indianer möchte ich schon sehen, aber nicht zerkratzt werden von den Bäumen! Und außerdem, die Indianer sind stolz; ich will auf würdige Art bei ihnen ankommen, auf meinen eigenen Füßen. Ich brülle, ich versuche, mich an den Zweigen festzuhalten.

Um mich zu bändigen, umklammert mich der Räuber nur noch fester. Meine Beine strampeln wütend hin und her. Ich kriege keine Luft mehr, ich komme mir ganz dumm vor. »Laß mich los, Indianer, setz mich auf die Erde! Ich komme ja mit, aber ich will mit erhobenem Kopf gehen.« Der Indianer gibt nach. Ich bin so überrascht, als ich plötzlich wieder senkrecht auf dem Boden stehe, daß ich mit benommenem Kopf hin und her taumele. Halb ärgerlich, halb lachend sieht mich der Indianer an. Er staunt: Was du für helle Augen hast, Kind. Mit seinem Lächeln besiegt er meine schlechte Laune. Ich nehme seine Hand, und wir gehen als gute Freunde weiter.

Zwischen den Bäumen erkenne ich jetzt hohe kegelförmige Hütten; aus den Spitzen steigen Rauchwölklein hoch. Wir sind angelangt.

Ich schaue mich nach allen Seiten um — wie wundervoll ist dieses kleine, hingeduckte Dorf in der Waldlichtung. Ich höre Rufe; eine häßliche Sprache, sie tut mir in den Ohren weh. Die Gesichter sind dagegen seltsam ruhig. Trotz der harten Kehllaute, lagert um die Hütten eine geheimnisvolle Stille.

Unter einer großen Tanne spielen Kinder, fast nackt. Ich gehe auf sie zu, sie sehen mich einen Augenblick lang an und spielen weiter. Wie gewandt sie sind! Einige Knaben haben unter einer Birke ein großes Stück Baumrinde aufgestellt, das wie ein Fuchs aussieht, und üben sich darin, es mit ihren Pfeilen zu durchlöchern. Ihr Geschick erstaunt mich ebenso wie ihre Kraft.

Wieso ist es plötzlich dämmerig? Ich bin so versunken gewesen in die Spiele der Kinder und in das Kommen und Gehen dieser prächtigen Indianer, das ich ans Heimgehen nicht gedacht habe. Plötzlich überfällt mich die Abendkühle; der Wald ist schon voller dunkler Schatten. Alle gehen in ihre Hütten; ich selber schließe mich ganz selbstverständlich dem Indianer an, der mich hergebracht hat.

Er hebt das große Fell hoch, mit dem sein Wigwam bedeckt ist, und wir gehen hinein. In der Mitte lodert ein großes Feuer, ich setze mich auf einen Haufen trockener Zweige. An den Pfählen, die das Dach tragen, baumeln drei komische, moosgefüllte Säcke. Aus dem einen kommt von Zeit zu Zeit ein Klagelaut. Was für ein Tierchen hat man dort wohl einquartiert? Eine der Frauen steht auf und sieht hinein: ah, es ist ein Baby.

Die Indianer, die ums Feuer sitzen, streiten. Wie rauh

sie ist, diese unverständliche Sprache, eher zu Wölfen passend als zu Menschen; und wie heftig und gewalttätig die Bewegungen beim Reden, schneidend wie ein Kriegsbeil. Nur die Gesichter bleiben sonderbarerweise unbewegt. Die zuckenden Lichter des Feuers betonen die ohnehin schon so energischen Züge und malen auf die bronzefarbene Haut fahle rötliche Reflexe. Die Gemüter erhitzen sich immer mehr, die Blicke weisen auf mich. In den funkelnden schwarzen Augen spüre ich Haß. Ich sehe das Aufblitzen von Rachsucht ... Mir wird immer unbehaglicher zumute, ich bekomme Angst. Wohin soll ich fliehen? Ich suche Schutz bei meinem Freund. Ist er überhaupt mein Freund, er, der mich geraubt hat? Jedenfalls, ihn kenne ich, sogar ganz aus der Nähe; wir haben im Wald miteinander gerungen, also sind wir Freunde. Er hat seine Hand auf meinen Kopf gelegt, seine langen, sehnigen Finger spielen mit meinen Haaren ... Ich blicke ihn an. Er will den anderen irgend etwas klarmachen; das energische Gesicht verrät Entmutigung. Er führt einen Wortwechsel mit einem alten Mann, der wild und grausam aussieht. Der Alte braust auf, er unterstreicht seine Worte mit heftigen Gebärden und befiehlt; mein Freund verteidigt seine Meinung, aber dann scheint er sich zu beugen. Er tut mir leid, sein Blick ist taurig und bedrückt. Ich sehe zu ihm auf und frage:

»Warum bist du so betrübt?«

Über die herkulische Gestalt mit der Bronzehaut läuft ein leises Zittern; er neigt sich mir zu, es kommt mir vor, als zittere er vor seinem kleinen Gefangenen.

Jetzt richtet er sich wieder auf, beschließt den Streit mit einem kurzen Satz, hart wie der Spruch eines Richters, und macht mit den Armen eine weite, offene Bewegung ...

Alle verstummen.

Die Glut wird mit Asche zugedeckt. Jeder wickelt sich in eine Decke und legt sich auf die Matte. Ich rücke eng an meinen Freund.

In der Hütte herrscht vollkommene Stille. Alle liegen unbeweglich da und schlafen. Am Rand der Lichtung kläfft ein Fuchs.

Noch immer liege ich wach. Ich denke an meine Mutter ... nur flüchtig. Eine Menge anderer Bilder stürmen auf mich ein. Alle Ereignisse dieses ungewöhnlichen Tages steigen vor mir auf, mit Ungeduld denke ich an morgen. Ich mache Pläne: ich werde versuchen, mit den Kindern zu sprechen; ob sie in der großen Hütte hinten Tiere haben?

Mein Freund hat sich bewegt; unmerklich richtet er sich auf, horcht, wartet ab und schält sich lautlos aus der Decke. Ich sehe seine Augen glänzen; er legt mir seinen Finger auf den Mund, daß ich schweigen soll. Dann nimmt er mich, hebt mich behutsam auf, steigt über die Beine der Schlafenden hinweg, schiebt das Fell am Eingang vorsichtig zur Seite. Das matte Licht des Mondes erhellt für einen Augenblick den Wigwam. Schon sind wir draußen und im Wald.

»Wohin gehst du?«

Er eilt lautlos voran. Der Wald ist rabenschwarz. Ich habe Angst, mich an den Zweigen zu kratzen, und drücke mich an seine Schulter. Aber der Indianer läuft so sicher, als sei es heller Tag, er tut keinen falschen Tritt, er stößt gegen keinen Stamm. Jetzt schimmert ein Licht; muß dort nicht unser Haus liegen? Meine Eltern haben sicherlich nicht schlafen können; sie sind in Sorge, ihr Fenster steht trotz der späten Nachtstunde offen.

Wir sind da; der Indianer setzt mich wie etwas leicht Zerbrechliches zu Boden und ruft:

»Bleichgesicht! Hier ist dein Sohn. Ihr haßt uns, ihr verfolgt uns, aber trotzdem habe ich zu mir gesagt: ›Du rächst dich nicht an einem Kind!‹ Ich bringe es dir wieder. Du sollst ihm sagen, wenn er groß ist, soll er Erbarmen haben mit den Indianern, den immer gejagten, aus ihren Dörfern vertriebenen. Lebwohl, Kleiner.«

Mit wenigen Sprüngen erreicht er den Waldrand. Verdutzt rufe ich ihm nach:

»Geh' nicht weg!«

Schon hat mich meine Mutter in die Arme geschlossen und küßt mich mit heftiger Freude. Hastig gebe auch ich ihr einen Kuß, dann mache ich mich los: »Mama, ruf ihn doch zurück, den Indianer!«

Meine Eltern begreifen nicht. Ich erzähle ihnen von meinem Freund, sie sind bestürzt darüber, daß ich den, der mich geraubt hat, wiedersehen möchte.

Da rufe ich selber in die Nacht hinaus. Als einzige Antwort kommt das Bellen eines Fuchses. Der Indianer ist verschwunden.

Am nächsten Tage spielte ich die ganze Zeit in der Nähe unseres Hauses, den Blick immer auf den Wald gerichtet. Aber der Indianer kam nicht wieder.

Ich freute mich, bei meinen Eltern zu sein, gewiß, aber je mehr sie mich mit Zärtlichkeit und Liebe überschütteten, desto mehr kam mir alles schal und öde vor: mein lächerliches Spielzeug, unser gut geharkter Garten, selbst der Geruch der Süßigkeiten . . . Ich hatte Sehnsucht nach der Lichtung, ich wollte den scharfen Rauchgeruch des Wigwams wieder atmen.

Am Tag danach lagerte über dem Wald eine dicke Rauchwolke. Was konnte das bedeuten?

Meine Mutter überwachte mich vom Fenster aus, sie ließ mich nicht aus ihren Augen.

Doch das Ziel aller meiner Träume blieb die Waldlichtung. Mein Gemüt hatte dort einen Eindruck empfangen, von dem es nie mehr loskam. Seit dieser Zeit verstand ich auch das Sprichwort der Indianer: »Wer einmal Wasser aus dem Roten Fluß getrunken hat, den wird für immer danach dürsten.«

19. Juni 1811. — Dieser Fußpfad — ja, hierher muß er gehen. Und dort der große Baum, sind wir nicht an dem vorbeigekommen?

Vor mir sehe ich die Lichtung; aber wo sind die Hütten? Alles liegt verlassen, die Indianer sind verschwunden!

Der Boden ist mit Asche bedeckt, den Überresten eines großen Brandes. Auf einer kleinen Erhebung neben der alten Tanne entdecke ich ein Zeichen, eine Inschrift. Auf ein großes Stück Baumrinde ist mit weißer Farbe der Kopf eines Rentiers gemalt, ein Rentierkopf mit breitem Geweih.

Bekümmert gehe ich nach Hause. Werde ich meinen Indianer je im Leben wiedersehen?

Meine Mutter empfängt mich tränenüberströmt. Sie hat in größter Angst geschwebt.

»Was möchtest du denn eigentlich? Hast du es bei uns nicht gut?«

»Doch Mutter, sehr. Aber ich habe meinen Freund gesucht, den Indianer, der so unglücklich war.«

»Unglücklich? Ein Kindsräuber!«

»Ich wollte ihm nur noch sagen, daß ich ihn gern habe.«

September 1811. — Ich habe meinen Freund nicht vergessen. Im Walde habe ich mir einen Wigwam gebaut, klein, aber trotzdem ist genügend Platz, um darin ein Feuer anzumachen. Ich habe mich dort auf die bloße Erde gelegt, und da habe ich ihn wiedergesehen, meinen schönen Indianer mit seinem weichen, stolzen Gang und seinen tiefen schwarzen Augen. Auch den Haß sah ich wieder aufblitzen, und von neuem spürte ich das brennende Verlangen, ihm zu sagen, daß ich wenigstens ihn liebe. Oft wandere ich auch zur Lichtung, damit die Erinnerungen in mir wach bleiben.

Juni 1812. — Ich mache meine gewohnte Pilgerfahrt. Wie immer bin ich allein hierher gegangen. Von den Rändern dringt der Wald auf die Lichtung vor, überall schießt schon Gestrüpp hoch; die Feuerstellen sind noch zu erkennen. Neben dem Hügel mit dem Rentierkopf setze ich mich unter meine große Tanne; dort leben die Erinnerungen an meinen Tag bei den Indianern am stärksten wieder auf.

10. Mai 1813. — Die Schneemassen sind geschmolzen, ich komme wieder auf die Lichtung. Das Wasser hat die Rinde, die der Indianer bemalt hatte, fortgeschwemmt; das Zeichen auf dem kleinen Hügel ist verschwunden. Jetzt fehlt mir etwas hier. Mir ist, als sei das Dorf zum zweitenmal zerstört worden.

Von einem Baum habe ich ein Stück Rinde abgebrochen und mit Kreide einen Rentierkopf daraufgemalt. Dann habe ich das Rindenstück an der gleichen Stelle auf dem Hügel aufgestellt. Jetzt hat die Lichtung, wenn ich mich zurückträume, wieder Leben; zwischen den Tannen haust wieder der Indianerstamm.

In meiner Jugend war es mein sehnlichster Wunsch, Seemann zu werden.

Am Ufer des Meeres verlebte ich meine Kindheit, in Hull in England, wo ich 1801 geboren bin; das stürmische Lied der Wogen und die Erzählungen der Seeleute umspielten von Anfang an meine Seele. Mein Vater war Schiffskapitän: ich wünschte mir brennend, in seine Fußstapfen zu treten.

Er selbst und meine Mutter versuchten nach Kräften, mich von meinem leidenschaftlichen Hang zum Meere abzubringen. Sie schilderten mir die Gefahren und die vielfältigen Strapazen des Seefahrerlebens und redeten mir zu, ein anderes, ein seßhafteres Gewerbe zu wählen. Aber alles blieb vergeblich; ich wollte in die Welt hinaus.

Da griff mein Vater zu einem Gewaltmittel: Er nahm mich mit als Schiffsjungen. Ich zählte vierzehn Jahre; wir waren inzwischen nach Kanada ausgewandert. Mein Vater ließ mich die unangenehmsten Arbeiten verrichten, er zwang mich zum härtesten Frondienst, er gab mir die gleiche derbe Kost wie den einfachen Matrosen. Meine Reiselust wuchs nur noch mehr.

Die Stürme vermochten mich ebenso wenig zu erschüttern wie die Strapazen. Die gefährlichen Fahrten durch schwimmende Eismassen begeisterten mich; ich verfolgte alle Arbeiten an Bord mit dem größten Interesse; und meine außerordentlich kräftige Natur ertrug ohne Mühe die Beschwerden dieses Lebens, dessen Rauhheit mir sogar gefiel. Bei der Rückkehr gab mir mein Vater seine Anerkennung und bezeugte, daß ich mich benommen habe wie ein Mann: »Er hat das Zeug, auf große Fahrt zu gehen.«

»Ja, Vater, nur will ich nicht auf Fische ausgehen, sondern die Indianer will ich suchen.«

Ich mußte bis zu meinem siebenundzwanzigsten Lebensjahr warten, erst dann konnte ich mich auf die Suche nach den Indianern begeben. Im Jahre 1828 endlich brach ich auf.

Im Kanu fahren wir den St. Lorenzstrom hinauf; unsere Paddel senken sich ins Wasser, das sanfte Schwanken wiegt mich ein.

»Dort sind Indianer, ein ganzes Dorf. Vielleicht ist unter ihnen der, den du suchst?«

»Nein, hier ist er nicht.«

»Woher weißt du das?«

»Seht doch nur die unordentlichen Wigwams an, diese Menschen ohne jeden Stolz, diese Rothäute, die nur noch jämmerliche Bettler sind. Mit denen da hat mein Indianer nichts gemein!«

Diese armen Rothäute wohnen zu nahe bei den Weißen; sie sind zerrüttet worden durch den Alkohol, sie sind herabgesunken, denn sie verbinden jetzt die Grausamkeit des Wilden mit den Lastern des Kulturmenschen. Ich suche richtige Indianer, solche, die noch Stolz und Kraft und Tapferkeit besitzen.

»Solche gibt es nicht mehr.«

»Doch. Einen zum mindesten habe ich gesehen.«

»Wie heißt er, dein Indianer?«

»Ich weiß es nicht.«

»Wo wohnt er?«

»Auch das weiß ich nicht.«

»Welchem Stamm gehört er an?«

»Einem Stamm, der noch wild ist und vor den Weißen floh.«

»Und in welche Richtung?«

»Sie sind westwärts gezogen, das ist alles, was ich weiß.«

»Nach Westen fliehen alle Stämme. Das Land ist riesengroß; wie kannst du hoffen, daß du diesen einen Indianer wiederfinden wirst?«

»Ich muß ihn wiedersehen!«

»Hat er dir etwas Wertvolles genommen? Hat er dir vielleicht ein Kind geraubt?«

»Nein!« erwiderte ich empört. »Mein Indianer ist kein Kinderräuber!«

Was treibt mich eigentlich, nach der Spur dieses Indianers zu suchen? Ich könnte es kaum sagen; seit der Begegnung, die meine Kindheit erschüttert hat, spüre ich, daß ich ihm nachgehen muß; mein ganzes Leben ist von diesem rätselhaften Drang gezeichnet.

Wir fahren den Fluß hinauf, dann an den Ufern der Großen Seen entlang. Wir durchforschen die Ufergelände, wir dringen zu den Lichtungen im Wald vor, unsere Augen suchen die Hänge der Hügel ab, immer in der Hoffnung, einen Wigwam zu entdecken.

Auf den Lichtungen, die sich wieder mit Gesträuch bedeckt haben, finden wir nur noch die Überreste einstiger Lager, ein paar geschwärzte Steine früherer Feuerstellen. Wo sind sie geblieben, die freien Indianer?

Sie sind alle geflohen.

»Die Rothäute sind durch das Vordringen des weißen Mannes erdrückt worden«, sagt uns ein Trapper an den Ufern des Huronensees. »Der Kulturmensch ist erbarmungslos, er verfolgt und vernichtet den Eingeborenen, der auf dem Grund und Boden seiner Väter lebt.«

Vor einigen Jahren verlangten die Weißen von einem

Stamm der Cheyennes-Indianer, daß sie ihre Plätze verließen und sich nach dem Westen zurückzogen. Es war mitten im Winter, und es herrschte eine bittere Kälte. Hundertneunundvierzig Indianer, darunter hundert Frauen und Kinder, baten um Aufschub; man sperrte sie ins Fort. Um sie zu zwingen, trotz der starken Kälte fortzuziehen, gab man ihnen weder Brand noch Essen. Am 6. Januar, nachdem sie drei Tage gelitten hatten und die Kinder vor Hunger zu schreien begannen, brachen die Rothäute gegen Mitternacht aus und sprangen aus den Fenstern des Forts. Von Hunger gequält und verbittert durch die Ungerechtigkeit der Weißen, beschossen sie die Wachen und flohen auf die schneebedeckte offene Prärie hinaus. Die Wachtposten setzten den Flüchtigen nach und holten die durch die Kinder Behinderten mühelos ein. Es kam zu einem Kampf, der sehr rasch zu Ende ging, weil bei den Indianern nach kurzer Zeit keine Kämpfer mehr vorhanden waren. Nur neun von den Rothäuten blieben am Leben, alle mehr oder weniger schwer verwundet.«

Deshalb also sind die Lichtungen verlassen. Die verfolgten Indianer leben unter einem ständigen Terror: sie fliehen. Die Tiere des Waldes wie die Eingeborenen - der weiße Mann jagt alles in die Flucht und vernichtet alles. Die Raubgier weckt die sonst bei ihm zurückgedrängte Grausamkeit, so daß sie hemmungslos hervorschießt.

Selbst die Stämme, die Christen geworden sind, entgehen nicht der Niedermetzelung. Als wir versuchen, die verängstigten Indianer zu beruhigen, und ihnen vom Evangelium sprechen, erwidern sie uns: »Wenn wir Christen werden, dann wehren wir uns nicht mehr, und ihr könnt uns nur noch leichter niedermetzeln.« Solche Unterstellungen weisen wir entrüstet zurück: So hinterlistig sind wir

Weißen nicht! Aber dann rufen uns die Rothäute die Tatsachen ins Gedächtnis.

Den folgenden Bericht gab mir ein Jäger am Eriesee, er hatte ihn von seinem Vater.

»Missionare aus Mähren hatten ein christliches Indianerdorf gegründet, es wurde zerstört. Sie bauten es weiter westlich wieder auf, auch dort wurden sie verjagt. Nie konnten sie die mühsam errichteten Stationen für die Dauer eines Menschenalters halten. Ein einzelner Missionar mußte mit einem von den Weißen verfolgten Delawarenstamm zwölfmal weiterwandeln, jedesmal war seine Siedlung niedergebrannt worden. Oft wurden nicht nur die christlichen Indianer, sondern auch die Missionare umgebracht. Auf der ersten Station Gnadenhütten wurden an einem einzigen Abend elf Missionare getötet.

Die Reste dieses Stammes, die davongekommen waren, gründeten am Eriesee ein neues Dorf, das sie wieder Gnadenhütten nannten, aber die Verfolgung ging weiter. Die Missionare, nur noch mit Lumpen bekleidet, wurden eingesperrt und mißhandelt.

Die christlichen Indianer wurden weiter nach Westen gejagt, trotz der Winterkälte ohne Unterkunft, ohne Geldmittel, ohne Nahrung. Das Land war tief verschneit. Man versicherte ihnen, der Kommandant des Forts werde Mitleid mit ihnen haben; vom Hunger getrieben, kehrten etwa hundert nach Gnadenhütten zurück, um ihre Lebensmittel zu holen. Eine bewaffnete Truppe bot ihnen Schutz an. Die Indianer waren mißtrauisch, doch man wiegte sie durch falsche Versprechungen in Sicherheit.

Während die Delawaren ihre kümmerliche Habe zusammenpackten, wurden sie von den Soldaten überfallen und in zwei Häusern eingesperrt. Dann wurde ihnen mitgeteilt, daß sie am nächsten Tage alle sterben würden.

Die christlichen Indianer standen erstarrt da, aber dann beugten sie sich vor dem Unabwendbaren. Sie wehrten sich mit keinem Finger. Sie verbrachten die Nacht im Gebet, jeder ermahnte den Bruder zur Treue; dann sangen sie Choräle. Am Morgen erschienen die weißen Mörder:

Seid ihr bereit?

Wir haben unsere Seelen Gott befohlen, er wird sie aufnehmen.

Die greuliche Schlächterei begann; Männer, Frauen, Kinder, sechsundneunzig an der Zahl, sanken unter den Axt- und Kolbenhieben zu Boden. Keiner wehrte sich. Nur zwei junge Männer kamen mit dem Leben davon: in einem Kellerraum versteckt, über dem die Henker ihr grausiges Werk verrichteten, wurden sie durchnäßt von dem Blute ihrer Stammesbrüder, das durch die Bodenbretter tropfte[1]. Seit dieser Zeit«, schloß der Indianer seinen Bericht, »fürchten wir nichts so sehr wie den weißen Mann; wir trauen ihm nie. Ein Indianer ist grausam, wenn er einen Feind bekämpft, aber seine Freunde können sich auf ihn verlassen. Einem Bleichgesicht kann man nie trauen. Wir haben keinen Lebensraum mehr; wir leben mit blutenden Herzen, für uns gibt es keine Ruhe mehr und keinen Frieden.«

Nun begriff ich, warum die Rothäute immer weiter westwärts fliehen und im Land ihrer Väter nur kümmerliche Reste zurücklassen, solche, die durch die Berührung mit den sogenannten Kulturträgern verdorben worden sind.

---

[1] Die Schilderung dieser Vorfälle stützt sich auf die Urkunden der Mährischen Mission. Die dargestellte Szene ereignete sich am 8. März 1782. Ähnliche Dinge trugen sich noch während des ganzen 19. Jahrhunderts zu.

Ich verstand jetzt auch die Gefühle des Indianers, der mich als Kind geraubt hatte. Wie so viele andere seiner Rasse, die wie Freiwild gehetzt wurden, mußte er vor den verbrecherischen Weißen fliehen. Die Wut des Verfolgten, das Verlangen nach Vergeltung stritt in seinem Innern mit dem menschlichen Erbarmen. Konnte ich ihm seinen Zorn verargen? Im Gegenteil, ich fühlte mich unwiderstehlich zu ihm hingezogen; ich dachte so wie jenes Kind, dessen Eltern von den empörten Rothäuten getötet worden waren: »Ich will zu den Indianern gehen und ihnen sagen, daß der Heiland sie liebt, und daß ich selbst sie auch liebe!«

AUF DER SUCHE

Die Indianer, die sich nicht gebeugt hatten, waren also nach dem Westen geflohen. Doch ich konnte ihnen in die Wälder und Prärien nicht folgen, weil ich ihre Sprache noch nicht verstand.

Dieser Umstand zwang mich, mehrere Jahre bei Indianern zu verbringen, die im Bannkreis der Weißen dahinvegetieren, nördlich des Ontariosees. Indem ich sie unterrichtete, drang ich in ihre Sprache ein — ein Unterfangen, das so schwierig war, daß es mich zwölf Jahre geduldiger Arbeit kostete. Aus dieser Vorbereitungszeit will ich nur ein paar kurze Erinnerungen wiedergeben.

Im Jahr 1828 lasse ich mich mit Maria, meiner tapferen Kameradin, am Ricesee nieder. Da wir keine andere Behausung finden außer kümmerlichen Wigwams, wohnen wir im Zelt.

Ich baue aus fast unbehauenen Tannenbalken eine Schule.

Der Bau hat etwas Vorsintflutliches, auch die Einrichtung ist äußerst primitiv.

Die kleinen Indianer kommen an und wollen lernen: sie sind ebenso schmutzig wie unwissend. Am meisten beunruhigt einen die Verkommenheit der Eltern. Ich will gegen dieses Absinken der Indianer ankämpfen.

Weihnachten 1829 habe ich fünf Schüler. Ich bringe ihnen Englisch und Lesen bei, damit sie das Neue Testament lesen können. Schlecht und recht versuchen wir einige Kapitel des Matthäusevangeliums ins Indianische zu übersetzen. Ich gebe den Kindern auch Rechenunterricht und bemühe mich, ihnen verschiedene Handarbeiten beizubringen.

1830 fange ich an, für meine Schüler einen Gottesdienst abzuhalten. Einige Eltern können Englisch und nehmen jeden Sonntag daran teil.

Frühjahr 1831. — Wie arm wir sind! Bruder Young kam an unserer Hütte vorbei:

»Komm herein, Bruder Young, komm herein und iß mit uns zu Mittag!«

Auch meine Frau lädt ihn freundlich ein:

»Ja, komm herein! Wir haben einen Topf voll Milch und einen Brotlaib. In der Bibel heißt es: ›Sein täglich Brot wird ihm gegeben werden und er wird immer Wasser haben.‹ Und uns geht es noch viel besser, denn wir haben sogar Milch. Viel zu bieten haben wir unseren Freunden nicht, aber wir geben ihnen die ganze Freude unseres Herzens — ist das nicht trotz allem viel?«

»Über seine Armut lachen und sich freuen über seine Arbeit, das ist ein Mahl, das ich gerne mit euch teile«, erwidert Bruder Young. »Ich habe großen Hunger — auf euer Glück.«

Herbst 1831. — Wie reich wir sind, wie wunderbar reich! Wir besitzen einen herrlichen Schatz: eine reizende kleine Tochter, wenige Wochen alt. Mit jedem Tag vertieft sich unsere Bekanntschaft; neben ihrer Wiege sitzend, pfeife ich ihr Choräle vor, und sie dankt mir mit einem zarten Lächeln. Wir sind von unseren Brüdern getrennt, aber können wir unter unserer Einsamkeit leiden, wenn wir die vielen Freuden an unserer kleinen Eugenie ungeteilt für uns haben? Eine ganze Welt ist uns geschenkt worden.

1832. — Ich übe allmählich sämtliche Funktionen eines Seelsorgers aus: im Umkreis von mindestens hundert Kilometern gibt es außer mir keinen Missionar.

Ein bedauernswertes Volk, diese abgesunkenen Indianer! Welch ein Jammer: der stolzen roten Rasse angehört haben und jetzt nur noch arme, vom Laster angefressene Bettler sein! Liegt die Schuld bei ihnen selbst? Die großen Schuldigen sind die Weißen; sie sind als Räuber eingedrungen und haben die angestammten Herren dieses Landes ausgeplündert und verdorben. Wir können den Indianern keinen Vorwurf machen; wir können diese unglücklichen Menschen nur bemitleiden, wir versuchen, das empörende Unrecht der Kulturmenschen wenigstens im kleinen etwas auszugleichen.

Meine Frau ist mir dabei eine große Stütze; ihr heiteres und liebevolles Wesen wirkt auf diese armen Menschen tröstend. Im übrigen träumen wir von dem großen Tag, wo wir zu den echten, den richtigen Indianern kommen, zu denen, die sich ihren stolzen und aufrechten Sinn bewahrt haben. Hier ist alles traurig und enttäuschend.

1834. — Unsere Indianer haben mehrere Hütten gebaut. Überragend sind ihre baulichen Leistungen zwar nicht, aber gegen ihre Wigwams doch ein ausgesprochener Fortschritt.

Zugleich mit dem Evangelium versuchen wir den Indianern auch Festigkeit in ihr äußeres Leben zu bringen. Ich unterweise sie im Gartenbau; meine Frau erklärt ihnen die verschiedenen Handwerke. Wie man spinnt, wie man Leinwand webt, haben sie noch nie gesehen. Aus diesen mangelhaften Jägern hoffen wir allmählich Bauern zu machen; sie haben schon einige Kühe und machen Butter und Käse.

1835. — Noch immer bemühe ich mich redlich, die Sprache zu erlernen; ich mache so geringe Fortschritte, daß ich zuweilen sehr entmutigt bin.

Am vorigen Sonntag habe ich zum erstenmal versucht, da mein Dolmetscher nicht da war, auf indianisch zu predigen, und es ist mir auch gelungen, eine kleine Ansprache zu halten.

1836. — Maria möchte unsere Indianer gern singen hören. Ich habe ihnen einige Melodien und die in ihre Sprache übersetzten Worte beigebracht, aber wie soll man weiterkommen ohne Liederbücher?

»Maria, wieviel haben wir in der Schachtel, in der du unsere Ersparnisse verwahrst?«

»Viel ist es nicht. Mußt du etwas Nötiges kaufen?«

»Hätten wir so viel, daß wir ein kleines indianisches Gesangbuch drucken lassen könnten?«

»Mein Lieber, der Gedanke ist zwar herrlich, aber soviel werden wir doch nie bezahlen können!«

»Versuchen könnten wir es schon — zum Beispiel, wenn wir nur die Texte drucken lassen und die Seitenzahl so niedrig halten, daß unsere Mittel reichen würden.«

Ich fuhr nach New York. Meinen Lebensunterhalt verdiente ich mir unterwegs durch Arbeit. Die Übersetzungs- und Druckarbeiten hielten mich dann länger in New York, als ich erwartet hatte, und auch die Kosten für die Liederbücher überstiegen meine Voranschläge. Um alles bezahlen zu können, mußte ich auf der Rückreise Zwischendeck fahren; ich sparte die Bettkosten und schlief die drei Nächte auf der »weichsten Planke«, die sich finden ließ. Im übrigen litt ich dabei weniger unter meiner unbequemen Lagerstatt als unter der Unhöflichkeit meiner Zwischendeckgenossen. Einige Fahrgäste aus der ersten oder zweiten Klasse erkannten mich und lächelten herablassend, als sie hörten, daß ich beim Essen keineswegs an ihren Tischen sitzen würde ... Was lag mir schon daran — ich hatte meine frischgedruckten Liederbücher, bald konnten die Indianer singen!

1839. — Warum bleiben wir noch immer hier? Bei Indianern, die entartet sind? Die echten, die richtigen Indianer sind in den Westen geflohen; brechen wir doch auf und suchen sie.

Meine Frau ist noch unschlüssig. Ich sprach von meinem Indianer, und sie verstand mich; wenn wir allein wären, ginge sie sofort mit. Doch sie hat Bedenken wegen unserer kleinen Tochter. Wie können wir sie unter lauter Wilden aufziehen?

Eugenie spielt hinter dem Haus. Ein ungeschickter Wurf läßt ihren Ball bis an den Waldrand rollen. Das Kind wagt nicht, ihn zu holen; die Mutter hat ihm Angst vor kinderraubenden Indianern gemacht. Da taucht zwischen den Stämmen ein schlanker Indianer auf und bringt Eugenie den Ball. Er bleibt bei dem kleinen Mädchen stehen und betrachtet es. Maria beobachtet unruhig die Szene. Lange läßt der Indianer seinen Blick auf dem Kind ruhen; die Feindseligkeit in seinen Augen schwindet und seine Züge werden weich; das kindliche Vertrauen rührt ihn, er sagt:

»Warum lassen deine Väter uns mit unseren Kindern nicht in Frieden? Wir haben keine Heimat mehr.«

Maria, der diese Traurigkeit ans Herz greift, will mit dem Indianer reden. Aber der Indianer weicht zurück, gleitet wieder in den Wald und verschwindet wie ein Schatten.

Erschüttert durch das Leid dieses Wilden und durch den schmerzerfüllten Ausdruck seiner schwarzen Augen, redet meine Frau mir zu, ihm nachzugehen. Ich erkundige mich, erfahre aber nur sehr wenig. Der Indianer sei durchs Dorf gegangen, habe alles schweigend angesehen und beim Weggehen habe er gesagt: »Ihr nagt Knochen ab wie Hunde.« Keiner habe ihm zu antworten gewagt, so viel Würde, so viel Kraft lag im Blick und in den Bewegungen des Fremdlings. Er kam sicher aus dem Westen.

Maria seufzt: »Armes Volk, immer nur verfolgt, gehetzt! James, du hast völlig recht, wir müssen hingehen und ihnen sagen, daß wenigstens wir ihre Not verstehen und sie lieben.«

Ja, wir werden gehen. Um unsere Fahrt zu den Indianern vorzubereiten, fahre ich nach Quebec.

Die Jugenderinnerungen führen mich zu meinem ehemaligen Elternhaus.

Ich folge dem kaum mehr erkennbaren Fußpfad; hier kommt die Gabelung im Wald; und dort liegt die Lichtung. Wie lange ist es her, daß ich zum letztenmal hierher gepilgert bin? Die Büsche haben jungen Bäumen Platz gemacht. Keine Spuren mehr von Feuerstellen; geblieben sind als einziges ein paar schwarzgebrannte Steine, ärmliche Überbleibsel des verlassenen Dorfes. Die riesige Tanne überragt noch immer den umliegenden Wald, in ihrem Schatten zeichnet sich der Hügel ab. Aber was schimmert dort? Ein großes Rindenstück steht auf dem Hügel, aufgestellt wie eine Schrifttafel, darauf ist in Weiß ein Rentierkopf mit breitem und verästeltem Geweih gemalt.

Ich zittere: mein Indianer muß vor kurzem hier gewesen sein! War er vielleicht der Fremde, den Maria gesehen hat? Mit einem Ruck drehe ich mich um: sollte er vielleicht noch hier sein, mich beobachten? Niemand ist zu sehen. Ich suche alles ab: nichts. Ich rufe, erst leise, dann mit ganzer Kraft: nichts als Schweigen! Ich bin allein, allein mit den Gestalten der Erinnerung. Aber auch andere, fern von hier, vergessen nicht. Ich muß ihnen beistehen in ihrer Not, so bald wie möglich; habe ich es nicht schon viel zu lange aufgeschoben?

Als kostbare Erinnerung nehme ich die geheimnisvolle Rinde mit mir.

Ich besuche das Grab meiner Eltern. In der Mitte leuchten kleine frische Blumen; ob ich welche mitnehme? Nein; ihr sollt hier auf dem Friedhof bleiben, ihr Boten der Hoffnung, auf den Gräbern unserer Lieben.

Und die Rinde mit der Zeichnung des Indianers, ob sie nicht auch als Ehrung für die Toten gemeint ist? Und du, du hast sie weggenommen — das Bild, mit dem dein Freund die Ahnen seines Stammes ehrte!

Ich kehre noch einmal zur Lichtung zurück. Dort ist die große Tanne. Auf dem Hügel lege ich das Rindenstück ehrfürchtig nieder. Ich muß wieder an die Worte denken, die der Indianer meinem Vater zurief: »Sag ihm, wenn er groß ist, er soll Mitleid mit den Indianern haben.«

Im Frühjahr 1840 brechen wir auf. In leichten, gebrechlichen Kanus fahren wir den prachtvollen St. Lorenzstrom hinauf und überqueren den Ontariosee. Auf schmalen, romantischen Wegen zwischen Bäumen und Felsen umgehen wir die Niagarafälle; unsere indianischen Ruderer tragen die Kanus auf ihren Köpfen. Nachdem das Hindernis überwunden ist, geht es zu Wasser wieder weiter — eine wundervolle, aber endlos lange Fahrt durch die riesenhaften Seen bis zur letzten Spitze des Superiorsees. Ein Flußlauf bringt uns bis nahe an die Wasserscheide. Hier folgt die berühmte »Tragestrecke« von Savan, die an einen Paßübergang in den Alpen erinnert; vier Stunden müssen die Kanus getragen werden, dann erreicht man einen kleinen Fluß, der nach Norden fließt. Auf ihm lassen wir uns abwärts treiben, umgehen auf Uferpfaden die Stromschnellen und Wasserfälle und erreichen schließlich den Winnipegsee. Jenseits davon, am Ufer des Nelsonflusses, der aus der äußersten nördlichen Seespitze austritt, liegt nun unser Ziel: Norway House. Als wir dort anlangen, haben wir in unseren kleinen Kanus in drei Monaten eine Strecke von 4000 km hinter uns gebracht.

Norway House, eine Gründung der Hudsonbay-Gesellschaft, ist die Hauptzentrale für den Pelzhandel. Hier endigen die Transporte aus dem Westen des Landes, nachdem sie auf den Flüssen Tausende von Kilometern zurückgelegt haben, und von hier gehen auch die Sendungen nach England ab. Für uns ist Norway House das ersehnte Standquartier, von hier aus soll das Evangelium ausstrahlen in die riesenhaften, leeren Ebenen Kanadas.

Gleich bei der Ankunft werden wir in Staunen versetzt. Wir erblicken Indianer, echte, die noch wirklich Wilde sind, prachtvoll anzuschauen! Mein Traum wird endlich Wirklichkeit; auf Schritt und Tritt, bei den Wigwams, an den Ufern der Flüsse, beim Durchstreifen der Waldpfade, überall begegne ich hier hochgewachsenen Rothäuten mit scharfgeschnittenem, energischem Profil und stolzem, federnd leichtem Gang. Jeder bewegt sich wie ein Häuptling; in ihnen atmet noch die ganze stolze Kühnheit ihrer Rasse. Die meisten bleiben nur wenige Tage; es sind Rudermannschaften, die Pelze von den Rocky Mountains zur Hudsonbay bringen. Man findet unter ihnen Angehörige von vielerlei verschiedenen Stämmen: Irokesen, bekannt wegen ihrer Tüchtigkeit, Stonies aus den Bergen, scheue Chippenwayens; draußen in der Ebene, abseits von den anderen, lagern sogar einige Schwarzfußindianer; wegen ihrer Wildheit sind sie allgemein gefürchtet. Die hiesigen Indianer gehören zu den Cries, die zu der großen Familie der Aegonquin-Indianer gehören; sie zeichnen sich durch Intelligenz und relative Sanftheit aus.

Wir lernen rasch die Kennzeichen und Charaktermerkmale der einzelnen Stämme unterscheiden. In der Umgebung von Norway House begegnen wir an den Flüssen und Lagerplätzen zahlreichen Grabstätten; jede trägt das Zeichen das betreffenden Stammes; mit fieberhaftem Eifer suche ich nach dem Rentierzeichen, aber ohne Erfolg.

Allen diesen Indianern verkünde ich die Liebe Gottes, des Großen Geistes. Die Erzählungen der Evangelien über Jesus Christus erwecken in ihnen einen stärkeren Widerhall, als ich zu hoffen gewagt hatte. Die durchkommenden Indianer tragen die große Neuigkeit die Flüsse hinunter: »Ayumeavookemou — der ›Herr der Gebete‹ — ist gekommen!« Was diese gelegentlichen Boten erzählen, erweckt bei den Rothäuten Neugier; diese Heiden dürsten nach einer neuen Hoffnung. In den Wigwams und an den Feuern der Lagerplätze wiederholt man, was die Jäger berichtet haben: der Große Geist habe allen seinen Kindern, den roten wie den weißen, ein wunderbares Anerbieten gemacht.

In Norway House treffen bald Abordnungen der umwohnenden Stämme ein. Die Indianer wollen Näheres erfahren, sie setzen sich im Kreis und hören voller Überraschung und Entzücken die wundersamen Geschichten von der Liebe des Großen Geistes, dann kehren sie zu ihren fernen Lagerplätzen und zu ihren Familien zurück. Sie rufen ihre sämtlichen Angehörigen zusammen, packen ihre ganze Habe ein, Netze, Fallen, Waffen, und kommen in die Nähe der Missionsstation, um dort ihre Zelte aufzuschlagen. So entsteht ein ganzes Zeltdorf.

Die Abgesandten der weiterab wohnenden Stämme bitten uns, daß wir auch in ihre Dörfer das gute Wort des Großen Geistes bringen. Alle diese Indianer bekunden ein großes Verlangen nach Belehrung. Ihre Bitten kommen meinen eigenen Wünschen entgegen; sobald wie möglich werde ich die nahen und die weit entfernten Stämme aufsuchen. Das zu erforschende Land ist riesengroß; die Fahrten werden sich über Tausende von Kilometern erstrecken. Ich werde die gleichen Fortbewegungsmittel benutzen wie die Indianer: im Winter Hundeschlitten und im Sommer Rindenkanus; in den Wäldern und auf den schneebedeckten Ebenen werde ich das gleiche glückliche und freie Leben führen wie die Rothäute. Und vielleicht werde ich den Indianer aus meinen Kindertagen wiederfinden!

MIT HUNDESCHLITTEN UNTERWEGS

Das Gespann

Mitte Oktober bedeckt ein fünftägiges Sturmwetter das
Land mit einer vier Fuß hohen Schneeschicht; die ersten
Schlitten gleiten rasch vorüber. Ich gerate in Begeisterung:
»Wollen wir nicht aufbrechen zu unserer großen Fahrt?«
»Jetzt noch nicht«, erwidern die Indianer, »wir müssen
noch einige Wochen warten.«

Um meine Ungeduld zu dämpfen, kaufe ich die uner-
läßlichen Hunde; wir brauchen eine ganze Meute. Es ist
wichtig, daß man sich schon vor dem Aufbruch mit den
Tieren, die oft schwierig sind, vertraut macht. Als ich voller
Stolz mit meinen ersten Hunden am Missionshaus ankom-
me, gerät meine Frau in ziemliche Unruhe; die Tiere sind
wilder, als sie erwartet hatte, und vollführen ein grimmi-
ges Gebell. Erst allmählich gewöhnen wir uns an ihren
Lärm, und die Hunde ihrerseits gewöhnen sich an unsere
Gegenwart — dies ist für unsere künftigen Beziehungen
genauso wichtig!

Beim Dressieren lasse ich mich von Mustagan anleiten,
einem Crie-Indianer, der in dieser Kunst bewandert ist. Er
flößt den Hunden einen außerordentlichen Respekt ein. Ohne Gewalt und Einschüchterung erreicht er bei ihnen Gehorsam und Anhänglichkeit. Auch uns gegenüber werden
sie allmählich zutraulich, und es macht uns Spaß, wenn
wir ihnen überall im Haus begegnen.

Auch meine Frau findet jetzt Gefallen an den schönen Eskimohunden, den Huskies. Sie sind allerdings stark gekreuzt; reinrassige Tiere bekommt man nur noch ganz im

Norden. Sie sind kräftig und ausdauernd und haben lange, aufrechtstehende und zugespitzte Ohren. Die Schnauze ist fuchsähnlich, den sehr buschigen Schwanz tragen sie gewöhnlich hoch erhoben.

Anfangs November läßt ein neues Sturmwetter die Schneehöhe weiter anwachsen und damit auch meine Hoffnungen auf einen baldigen Start.

»Warte noch, Missionar«, sagt Mustagan. »Du könntest jetzt weder durch die Wälder fahren noch über die Schluchten hinwegkommen. Laß erst noch mehr Schnee fallen.«

»Er liegt doch schon beinahe zwei Meter hoch, genügt das denn nicht?«

»Nein, noch nicht. Der Wind packt den Schnee, wirbelt ihn hoch und weht ihn in die Vertiefungen. Die Buckel und Steine sind nach kurzer Zeit bloßgefegt. Es muß erst neuer Schnee kommen, damit die Fläche wieder ausgeglichen wird. Wenn du jetzt schon losführest, würden deine Schlittenkufen an den vielen Unebenheiten hängen bleiben. Warte, bis sich alles eingeebnet hat und eine glatte Fahrbahn da ist. Außerdem mußt du ja noch deinen Schlitten herrichten.

Am nächsten Tage besorgte mir Mustagan einen Schlitten. Ich konnte meine Überraschung kaum verbergen: dieses primitive Fahrzeug soll meine fahrende Behausung für mehrere Monate sein? Sein Gewicht ist imponierend, aber seine Festigkeit und vor allem die Bequemlichkeit scheint mir doch recht fragwürdig.

Dieser Schlitten war nicht breiter als fünfzig Zentimeter. Er bestand aus zwei vierkantig zugehauenen, durch Querhölzer verbundenen Eichenstämmen, vorne hochgebogen. Sie haben auf der Unterseite keine Eisenkufen. Wenn es kalt genug ist, sagt man mir, werden wir sie gleitfähig machen, indem wir mit Hilfe von Torf mehrere Eisschichten anfrieren lassen und diese sorgfältig glätten. Inzwischen habe ich Eskimoschlitten gesehen, die noch viel länger und schwerer waren; aber diese sechs Meter langen Schlitten, die beladen zehn bis zwölf Zentner wiegen, erfordern doppelt so viel Hunde.

Am meisten wundert mich, daß die Querhölzer nur mit Hirschlederriemen an den Seitenteilen festgemacht sind. Wie mir Mustagan erklärt, muß das Ganze zwar fest verbunden sein, aber dennoch eine gewisse Nachgiebigkeit behalten, damit der Schlitten die häufigen gewaltsamen Stöße überstehen kann, ohne auseinander zu brechen. Denn unsere Fahrzeuge werden heftige Strapazen aushalten müssen, wenn die Fahrt durch dichtes Unterholz und verfilztes Buschwerk geht oder über Anhäufungen von umgewehten Stämmen. Dank des aufgebogenen Vorderteils kommen die Schlitten über jedes Hindernis hinweg, aber oft muß der Führer seinen Hunden helfen.

»Das wird dein Haus sein, Missionar, du mußt es einrichten; trage zusammen, was du aufladen willst.«

»Welche Eßvorräte sind am besten bei solchen langen Fahrten, Mustagan?«

»Richte zunächst deine Milch her; wieviel willst du mitnehmen?«

»Einen Liter pro Tag, das ergäbe 120 bis 150 Liter . . .«

»Mehr als hundert Kilo? Das geht nicht; 30 Liter müssen reichen. Stelle draußen einen Topf auf, gieße die Milch hinein und laß sie gefrieren. Wenn sie hart wie Stein geworden ist, tust du sie in einen Sack; den ganzen Winter wird sie gefroren bleiben, und du kannst mit dem Beil immer soviel abhauen, wie du für den Tee benötigst.«

So geschah es, aber meine Frau konnte sich zu der einfachen Verpackung in einem Sack nicht entschließen. Mit ängstlicher Gründlichkeit verpackte sie Vorräte und Kleidungsstücke. Als aber Mustagan die dicken, schweren Kisten sah, machte er sie wieder auf:

»Das ist viel zu schwer so, es nimmt auf dem Schlitten zuviel Platz weg; und bei 40 Grad unter Null braucht man nichts zu fürchten, weder Schimmel noch Insekten!«

So werden wir also in gewöhnlichen Säcken einige Hundert gefrorene Fische mitnehmen, eine Menge möglichst fettes Fleisch und einen großen Haufen Tee und Zucker; als Reiseproviant wählt man Lebensmittel, die dem Körper möglichst viel Wärme geben. Zuletzt wird die Ladung komplettiert durch eine ganze Kücheneinrichtung mit Töpfen, Tassen, Messern, Gabeln.

Wenn man zu einer mehrere tausend Kilometer langen Fahrt durch Schneewüsten startet, wo man weder etwas Eßbares noch eine gastliche Hütte findet, muß man für alles vorsorgen. Ein einziges Vergessen, eine einzige Nachlässigkeit kann den Tod zur Folge haben. Man muß an alles denken, sich mit allem versehen, was lebenswichtig ist, wenn man mehrere Monate ohne die geringste Hilfe existieren will. Dennoch darf man nur soviel mitnehmen, wie man auf zwei oder drei Schlitten transportieren kann.

Bei diesen ganzen Vorbereitungen ist uns Mustagan ungeheuer nützlich. Wir freuen uns jedesmal, wenn wir den schöngewachsenen Indianer mit dem feinen Profil kommen sehen. Seine ganze Erscheinung ist geprägt von Klugheit und stolzer Gesinnung: hohe Stirn, Adlernase, schlanke, muskulöse Glieder. Besonders beeindruckt und fesselt uns sein Blick — ein Blick, der gleichzeitig tief und weit ist, der das Nahe mit durchdringender Bestimmtheit erfaßt und sich dennoch träumerisch in die Fernen des Horizonts verliert; der Blick eines Adlers, eines Seemanns oder Bergführers.

Mustagan wird in der Tat mein Führer sein; ich habe mich schon sehr an ihn angeschlossen, er flößt mir großes Vertrauen ein. Ich bemerke, daß er über die Hunde eine überraschende Macht hat, und nicht geringer ist sein Einfluß auf die Menschen. Überall genießt er großes Ansehen; er ist eine echte Führernatur, ein Mensch, der andere mitreißt.

20. November. — Beim Überprüfen unserer Vorbereitungen fragt Maria den Führer aus, weniger aus Neugier als aus Sorge:

»Wo werdet ihr unterwegs schlafen?«

»Wo die Nacht uns überrascht.«

»Ohne jedes Obdach?«

»Sicher; wir werden immer Birkenreiser finden zum Feuermachen.«

»Aber nehmt ihr überhaupt kein Zelt mit?«

»Auf den Schneeflächen ist der Wind so stark, daß ein Zelt weggeweht würde. Ein paar gute Pelze schützen einen besser.«

Meine Frau macht sich ernsthafte Sorgen: kann man bei 40 oder 50 Grad unter Null einfach draußen im Wind schlafen?

Mitte November unternehmen wir einige kleinere Fahrten, damit ich mich übe im Lenken des Schlittens und der Hunde. Das ist eine schwierige Kunst, die viel Kraft und Ausdauer verlangt; nur wenn man einen raschen Blick und längere Erfahrung hat, vermag man die Hindernisse im voraus zu erkennen und über sie hinwegzukommen.

Mustagan ist ein vorzüglicher Lehrer; er erklärt mir geduldig, wie man sich in jedem Fall verhalten muß, und gewöhnt mich immer mehr an das Reisen mit dem Schlitten, indem er die Länge und die Schwierigkeiten unserer Fahrten langsam steigert.

2. Dezember. — Maria hat jede Nacht Angstträume. Wenn sie aufwacht, plagt sie mich mit ungezählten Fragen.

»Wirst du unter freiem Himmel schlafen können? Du wirst sicher erfrieren. Deine Nase, deine Ohren werden sich entzünden, und dann bekommst du Wundbrand.«

»Die Gefahr muß man in Kauf nehmen; du siehst mich also im Geist schon zurückkommen mit einem Kopfe, der seiner sämtlichen Verzierungen beraubt ist?«

Eugenie nimmt den Führer ins Verhör:

»Wie werdet ihr meinen Vater vor der Kälte schützen?«

»Du brauchst keine Angst zu haben, Kind, wir werden ihn schon zudecken.«

»Und wenn er sich aufdeckt?«

»Wir packen ihn ein wie ein Baby; wir wickeln ihn so fest in seine Decken, daß selbst ein Wolf nicht an seine Nasenspitze kommen kann, und die Kälte auch nicht. Er muß nur artig sein und genauso liegen bleiben, wie wir ihn gebettet haben.«

Der letzte Satz bringt mir eine ganze Sturzflut von Ermahnungen ein:

»Du mußt alles tun, was Mustagan dir sagt, Papa! Deck' dich nachts nur ja nicht auf!«

»Du meinst also, ich wäre noch ein kleines Kind?«

Offen gestanden, bin ich selber etwas besorgt; ich stelle es mir nicht so einfach vor, unbeweglich dazuliegen, wenn man unter einem Berg von Decken halb erstickt. Wie werden sie sein, diese eisigen Nächte?

6. Dezember. — Erneute Stürme haben den Schnee zusammengeweht; der Wind, der über das flache Land fegt, hat eine ebene Fahrbahn geschaffen. Der große Tag der Abfahrt naht; ich habe sie angesetzt auf Dienstag, den 10.; auf diese Weise können wir noch einen schönen Sonntag verleben, und der Montag bleibt uns für die letzten Vorbereitungen. Sonntag, den 8. Dezember, versammeln wir uns zu einem feierlichen Gottesdienst; in zwei Tagen werde ich die beiden, die dann vier bis fünf Monate auf mich warten, hier zurücklassen. Für die Indianer ist unser Aufbruch nichts Besonderes. Sie sind selber ständig unterwegs und unternehmen ungeheure Reisen mit einer Ausrüstung, die im Vergleich zu unserer sehr gering ist. Ist es nicht ganz natürlich, daß wir wie sie zur Zeit der großen Jagdzüge jetzt auf Fahrt gehen?

EISIGE LAGER

Wir verlassen also Norway House am 10. Dezember. Wegen der vielen Eßvorräte habe ich drei Schlitten nehmen müssen mit je vier Hunden.

Gestern hat es stark geschneit, und noch immer umgibt uns der Wirbel weißer Flocken wie ein dichter Vorhang. Eine gute Weile vor Tagesanbruch fährt der erste Schlitten los, gelenkt von Tenagibachak; neben ihm sitzt Mustagan als Führer. Die Lampen im Hause senden Strahlenbündel aus, die aber nur wenige Schritte weit in den Nebel vordringen. Unsere Blicke folgen einige Sekunden lang den pelzvermummten Silhouetten, dann verschwimmen die Gestalten in den wirbelnden Flocken.

Der zweite Schlitten startet, danach kommt die Reihe an mich, ich muß den Abschied kurz machen, denn es kommt darauf an, daß man der Spur folgt, ehe sie vom Wind verweht ist. Mein Schlitten fährt los, taucht in die Schnee-wogen und gleitet in die Nacht hinein. Es ist niemand bei mir, ich bin zur Würde eines selbständigen Schlittenlen-kers aufgestiegen. Das stolze Gefühl, das ich darob emp-finde, dauert nicht lange; die beißende Kälte dringt mir in die Haut, die Schneewirbel nehmen mir den Atem, die eisigen Kristalle blenden mich; wie soll man überhaupt bei Nacht und Nebel eine Schlittenspur erkennen? Das Ge-spann ist gottlob tüchtiger als sein Lenker; die Hunde zie-hen mit Sicherheit auf die Spur.

Mehrere Stunden erblicke ich von meinen Gefährten nichts. Solange es noch dunkel ist, beunruhigt mich dies keineswegs, denn ich vermute, daß die Hunde die Schlit-tenspuren wahrnehmen. Schließlich sickert durch die Nebel-schicht das erste graue Licht, trübe, matt und ohne Tie-fe. Und jetzt bemerke ich mit Schrecken, daß vor meinen Hunden gar keine Schlittenspur vorhanden ist. Sind wir falsch gefahren? Ich halte an und gehe ein paar Schritte voraus, um nachzusehen, ob ich die Überreste einer Spur entdecke. Nichts, absolut nichts. Was nun? Umkehren, so-lange es noch geht? Weitersuchen?

Aber wo?

Die Hunde werden ungeduldig, sie wollen weiterlaufen und setzen sich ohne jedes Zögern wieder rasch in Trab. Zweifellos kennen sie sich besser aus als ich, und ich brau-che mich wohl nur ihrem Instinkt anzuvertrauen; wir stür-zen uns von neuem in die eisigkalten Wirbel.

Es wird früh wieder dunkel; die Dämmerung ist unver-sehens da, und plötzlich packt mich auch die Angst. Ich habe das Gefühl, daß ich verloren bin, dem Schneesturm ausgeliefert, ohne Möglichkeit, mich gegen die Kälte zu schützen. Die Angst dringt immer tiefer und schüttelt mich bei jedem Windstoß. Hat der weiße Tod mich schon in seinen Händen?

Plötzlich beginnen die Hunde zu galoppieren und freudig zu bellen, und nach wenigen Minuten lande ich benommen und vor Kälte halb erstarrt neben einem großen Feuer. Die Kameraden zeigen keinerlei Erstaunen über meine plötzliche Ankunft. Wenn sie an meinem Scharfsinn zweifeln, so haben sie zu dem der Hunde vollstes Vertrauen. Die tüchtigen Hunde!

Zum erstenmal sehe ich mit Staunen die verschiedenen abendlichen Vorbereitungen; während dieser langen Reise werde ich genügend Muße haben, mich daran zu gewöhnen. Schließlich kommt die Zeit zum Schlafengehen, mit Bangen erwartet, aber auch mit der geheimen Hoffnung, für eine Weile vor dem Ansturm der Kälte geborgen zu sein.

Nahe dem Feuer bereiten die Gefährten den Boden für die Lagerstätten. Der leichte, feine Schnee wird auf einer Fläche von drei Metern im Geviert beiseite gefegt, statt Schaufeln bedient man sich hierbei der breiten Schneeschuhe. Hier werden wir die Nacht verbringen. Auf drei Seiten wird der Schnee zu Wällen aufgehäuft; die vierte Seite, die so angeordnet wird, daß der Wind den Rauch vom Lager forttreibt, wird vom Feuer eingenommen.

Dann richten die Indianer die Betten her; sie breiten auf dem festgetretenen Schnee ein großes Büffelfell aus; auf diesen Teppich legen sie eine breite Wolldecke von der Hudsonbay-Gesellschaft. Die Kopfpolster kommen an den Schneewall, die Fußenden zum Feuer hin. Während die anderen mein Bett herrichten, mache ich mich fertig zum Hineingehen. An Ausziehen ist nicht zu denken, im Gegenteil! Man packt alles auf sich drauf, was man an wärmenden Sachen bei sich hat, und zwar so rasch wie möglich: Früher benutzte man mit Vorliebe Säcke aus Pelz, in die man ganz hineinkroch, heute ist man davon abgekommen. Sehr angenehm sind Pelzstiefel, nur müssen sie sehr lang sein, bis zur Hüfte, und so weit, daß man sie über Mokassins, Gamaschen und Hose drüberziehen kann. Ein Pelzmantel ist unentbehrlich, er muß eine weite gefütterte Kapuze haben, die man über die normale Pelzhaube zieht. Für die Hände braucht man Pelzhandschuhe. Um das Ganze zu verbinden und komplett zu machen, wickelt man sich mehrfach in eine große Reisedecke.

Jetzt wird man gebettet. Eingemummt lege ich mich auf die große Decke, und dann vollenden die Indianer ihr Werk. Man könnte mich schon ohnehin für ein Bündel Pelze halten, aber Mustagan wirft noch weitere Decken auf einen großen Pelz auf mich drauf, und dann werde ich von allen Seiten eingeschlagen. Auch die zärtlichste Mutter könnte ihr Kindchen nicht liebevoller und sorgsamer umhegen. Diese Prozedur des Eingeschlagenwerdens ist zuerst sehr angenehm; die Indianer beginnen an den Füßen und rücken dann allmählich zum Kopf vor. Dort angelangt bedecken sie auch ihn ohne jeden Umstand und schieben die Deckenränder unter meine Schultern. Und das ist sehr unsympathisch; das scheußliche Gefühl des Erstickens wird auch durch die beruhigenden Worte der Indianer nicht gemindert. Begraben unter diesem Berg von dicken Pelzen, fühle ich mich dem Erstickungstode nahe, während die Gefährten mir versichern, daß ich morgen noch genauso quicklebendig sein werde.

Die Indianer, die mit den Gefahren des Kampierens im Winter vertraut sind, schärfen mir ein, daß ich so liegen bleiben muß, ohne mich zu rühren. Wenn man die Decken in Unordnung bringt, dringt sofort die Kälte ein, und es kann passieren, daß man unvermerkt im Schlaf erfriert. Um mich ihren Anweisungen gefügig zu machen, erzählen mir die anderen von einem Reisenden, der in der Nacht, ohne es zu merken, sein Gesicht entblößte, wahrscheinlich weil er instinktiv nach frischer Luft lechzte. Als er etwas später richtig wach wurde, faßte er mit seiner Hand an etwas Hartes, das er für einen Axtstiel hielt: in Wahrheit war es die erfrorene Nase!

Aber wer packt die wackeren Indianer ein, wenn sie ihren Missionar versorgt haben? Durch eine lange Praxis an ihre primitive Schlafart gewöhnt, wissen sie sich so gut in ihre einzige Decke aus Kaninchenfellen einzuwickeln, daß die Außenluft und auch die Kälte nicht an sie heran können. Als Säuglinge sind sie in einem Moossack aufgewachsen, der am Deckenbalken ihres elterlichen Wigwams hing; sie haben die Gewohnheit angenommen und behalten, unbeweglich dazuliegen; daher kommt es selten vor, daß ein Indianer sich im Schlaf bewegt. Für mich war diese Nacht entsetzlich. Ich konnte keinen Schlaf finden. Immer wenn ich halbwegs eingeschlafen war, wachte ich keuchend und nach Luft ringend wieder auf. Die Furcht vor dem Erfrieren zwang mich zu absolutem Stilleliegen, was bei den Erstickungsanfällen beinahe unerträglich war. Endlich begannen die anderen sich zu rühren; erleichtert richtete ich mich auf, mehrere Stunden vor Tagesanbruch, und stieß die Pelze, die mich die ganze Nacht gemartert hatten, von mir ... aber schon im nächsten Augenblick bedauerte ich es! Unter meinen vielen Hüllen war ich in Schweiß geraten. Jetzt, als

ich mich der Luft aussetze, springt mich die Kälte an —
50 Grad unter Null. Mir klappern die Zähne und die Knochen im Leibe, ich habe das Gefühl, in einen Schraubstock
eingespannt zu sein; die Gesichtsmuskeln ziehen sich zusammen, die Nase verkrampft sich; Krallengriffe schnü-
ren mir die Schultern ein, zerfleischen mir den Rücken und
die Lungen; tausend scharfe Stiche nehmen mir den Atem.
Ich brülle vor Schmerzen, ich wickle mich in meine Decke
und warte voller Angst darauf, daß die Indianer unser
Feuer wieder anfachen. Werde ich die schneidende Kälte
bis dahin ertragen?

Eine Stunde später brechen wir bei Dunkelheit und Sturm
wieder auf, aufgewärmt und gut verpackt. Und wieder
folge ich einsam den unsichtbaren Schlittenspuren der Gefährten, von meinen wackeren Hunden geleitet. Die zweite
Nacht ist nicht angenehmer als die erste: ob ich mich je
an das Erstickungsgefühl gewöhnen werde und in Ruhe
schlafen kann?

Heute, Donnerstag, wird die Strecke schwierig sein; wir
müssen einen großen Wald durchqueren. Mustagan läßt
mich die Spitze übernehmen, damit er mir beim Überwinden von Hindernissen helfen kann.

Wenn eine schwierige Stelle kommt, springt Mustagan
vom Schlitten und geht vor den Hunden her. Wir dringen
in ein Walddickicht ein, die niederen Zweige streifen uns
und zwingen uns zu häufigem Halten; Mustagan haut mit
dem Beil den Weg frei. Viele alte, durch die Schneelast ge-
fällte Bäume blockieren die Durchfahrt; es ist gar nicht einfach, mit unseren schwerbeladenen Schlitten über diese
Stämme wegzukommen. Wir gehen neben den Schlitten,
wir schieben und halten sie, wenn sie zu kippen drohen,
und ermuntern die Hunde. Eine mühsame Arbeit, die mich

sehr anstrengt; Mustagan kommt mir oft zu Hilfe, aber wenn ich dann warten muß, bis er mir mit seinem Beil den Weg freigehauen hat, friere ich erbärmlich. Wir waten durch den tiefen Schnee, und wenn wir unsere Schlitten stützen wollen, versinken wir bis zu den Knien. Der eisige Schneestaub dringt in unsere Stiefel, sickert durch die Kleider und bedrängt uns überall. Da wir jetzt durchnäßt und vor Kälte starr sind, können wir auch keine Ruhepausen machen. Erschöpft durch den scharfen Frost und die dauernde Anstrengung lange ich an unserem Lagerplatz an.

Wir haben jetzt den großen Wald fast hinter uns: der morgige Tagesmarsch wird nicht mehr ganz so anstrengend sein. Wir werden hier übernachten, trockenes Holz ist massenhaft vorhanden. Unser Führer findet eine Stelle, wo der Wald im vergangenen Sommer durch einen Brand verwüstet worden ist; die Bäume, vom Feuer abgetötet, aber nicht verzehrt und noch aufrecht stehend, sind so trocken, daß sie wunderbares Brennholz liefern. Wir nehmen die Äxte von den Schlitten und gehen den abgestorbenen Stämmen zu Leibe, wobei uns wieder etwas warm wird. Die Stämme haben einen Durchmesser von 30 bis 80 Zentimetern und sind 20 bis 30 Meter lang. Ein Dutzend dieser wie Schiffsmasten dastehenden trockenen Fichten wird gefällt und in drei bis vier Meter lange Stücke zersägt. Dann tragen wir das Holz auf einen Haufen, wobei wir die trockensten Stücke und die Späne zuunterst legen. Mustagan steckt das Ganze an, und bald haben wir ein prächtiges Feuer, das eine hochwillkommene Wärme spendet.

Diesmal war die Nacht weniger schlimm; dank meiner großen Müdigkeit und weil ich endlich überzeugt war, daß ich nicht ersticken würde, konnte ich nun schlafen.

Der Freitag bricht mit prächtig klarem Himmel an. Über

unserer Abfahrt strahlt der Morgenstern. Die Strecke ist leicht, Mustagan setzt sich neben mich und dirigiert die Hunde mit der Stimme. Wir durchfahren ungeheure Ebenen, die bald von strahlend heller Sonne übergossen sind. Der Schnee hat sich gesetzt und trägt die Hunde, die jetzt munter ausgreifen ... aber heute abend wird er auch die Wölfe tragen!

Für die Nacht sammeln wir einen großen Holzvorrat, wir müssen damit rechnen, daß wir von den großen, grauen Nordlandwölfen angegriffen werden. In der Tat spüren sie uns auf und umkreisen unser Lager mit schauderhaftem Heulen, so daß einem das Blut in den Adern erstarrt. Glücklicherweise schließen sich die Bestien fast nie zu größeren Rudeln zusammen, höchstens sechs bis acht. Trotzdem muß man immer ein besonders starkes Feuer unterhalten, wenn man merkt, daß diese gefährlichen Feinde in der Gegend umherschleichen. Das Feuer ist der sicherste Schutz.

Die wilden Stimmen der Wölfe bilden eine aufregende Begleitmusik bei unserer Abendandacht. Nach dem Essen setzen sich alle Teilnehmer zusammen; die Häupter trotz der Kälte ehrfuchtsvoll entblößt, hören sie ein Kapitel aus der Bibel an, das ich in ihre Sprache übersetzt habe. Wir singen ein Lied, dann knien alle nieder zum Gebet. Welch erstaunlicher Anblick, diese unsere abendlichen Andachten an einem riesenhaften Feuer auf einer endlos weiten, leeren Ebene; und welche Schönheit liegt auf diesen friedlichen Gesichtern, mitten im Heulen des Sturmes und der Hunde und manchmal auch der Wölfe.

Wir durchqueren endlos weite, völlig menschenleere Ebenen. Während zehn Reisetagen sind wir keiner Seele begegnet, wir haben keinen Wigwam gesehen, keine Spur gekreuzt.

Ich erlange langsam einige Geschicklichkeit im Lenken meines Schlittens und gewöhne mich auch an die Hunde. Heute Morgen, als wir an einer Schlucht entlang fuhren, geriet mein Schlitten in Gefahr. Durch einen kräftigen und geschickten Ruck brachte ihn Koona wieder ins Gleichgewicht. Tüchtiger Hund! Er hat sich einen Extrafisch verdient; ausnahmsweise bekommt er ein bescheidenes Frühstück.

Als es Mittag wird, kann Koona nicht mehr richtig Schritt halten; er ist träge, schleppt sich mühsam vorwärts und unterstützt seine Kameraden überhaupt nicht.

»Das kommt von dem Fisch, den du ihm heute früh gegeben hast«, sagt Mustagan.

»Wieso?«

»Für die Hunde ist das schlecht; für sie genügt es, wenn sie abends fressen.«

Am Abend beobachte ich mit Neugier die Fütterung der Hunde. Sobald wir am Lagerplatz ankommen, macht der Führer sie vom Schlitten los und läßt sie nach Belieben umherstreunen. Wenn sich in der Nähe Wild befindet, leisten sich die jüngeren Hunde das Vergnügen darauf Jagd zu machen.

Wenn das Feuer angezündet ist und unser Essen zubereitet wird, werden währenddessen die Hunde gefüttert. Durch lange Erfahrung hat sich gezeigt, daß zwei Weißfische an jedem Abend ausreichen, unsere Renner bei voller Gesundheit und in guter Verfassung zu erhalten, viel besser als jede andere Nahrung. Manche sind diese Essensregel so gewöhnt, daß sie alles, was man ihnen zu anderen Tageszeiten vorwirft, liegen lassen.

Die Kälte ist so intensiv, daß die Fische steinhart gefroren sind; bevor man sie den Hunden gibt, legt man sie auf einen Zweig am Feuer, um sie aufzutauen. Dies geschieht vor den Nasen der Hunde, und während sie dem Auftauen ihres Nachtmahls zusehen, sind sie so nervös, so begierig und so neidisch aufeinander, daß es zu wahren Schlachten kommt. Einer oder zwei beginnen und bald sind alle übrigen darein verwickelt. Die Hunde ein und desselben Gespannes streiten sich zwar selten, gewöhnlich entbrennen die Kämpfe zwischen Hunden aus verschiedenen Gespannen.

Wenn sie ihre Mahlzeit beendet haben, scharren sie sich Löcher in den Schnee und kauern sich hinein, um dort so gut es geht zu schlafen. Sie graben sich so gründlich ein, daß es manchmal schwierig ist, sie am Morgen wieder aufzufinden, auch wenn es nachts nur wenig schneit. Nicht selten kommt es vor, daß die weniger robusten, oft mit großen Kosten eingeführten Hunde in ihrem Schneelager erfrieren.

Am nächsten Morgen starten wir in froher Stimmung; es scheint ein schöner Tag zu werden. Im Laufe des Vormittags kommt plötzlich Wind auf, und bei den Kameraden zeigt sich eine Unruhe, die mich überrascht; ist der Himmel nicht von herrlich klarer Bläue? Der Wind wird immer stärker; mit einemmal sagt Mustagan zu mir:

»Wir müssen fliehen, dort zum Wald hin, vielleicht erreichen wir ihn noch.«

»Warum denn fliehen? Es ist doch heller Sonnenschein?«

44

Der Wind nimmt ständig zu und plötzlich hat der Blizzard uns gepackt. Ich bin starr vor Schrecken. Woher kommen diese Flockenwirbel, diese ungeheuren Sturmstöße? Die hochgejagten Eiskristalle prasseln mir mitten ins Gesicht; ich drehe mich um, doch auch da kommt der Orkan von vorne. Der Graupelhagel sticht und macht mich blind, von allen Seiten kommt er gleichzeitig. Nicht zehn Schritte weit kann ich sehen. Wo sind jetzt die anderen? Wo ist Mustagan? Mein Gespann scheint ganz verwirrt zu sein. Der Sturm fegt durch die Ebene und wirbelt ganze Wolken Schnee hoch, so daß man nichts mehr sieht.

Nun begreife ich, warum man vor dem Blizzard fliehen muß. Aber wie soll man gegen diesen Eisstaub ankämpfen? Die spitzen Nadeln stechen grausam, sie zwingen mich, die Augen zuzumachen, sie dringen mir in Mund und Ohren. Das Sturmgeheul nimmt mir den Atem, ich fühle mich in diesem wilden Aufruhr verlassen und verloren.

Was tun? Weiterfahren, auch auf die Gefahr hin, daß ich noch weiter von den anderen abkomme? Anhalten — und vielleicht im Frost zugrunde gehen? Schon viele sind auf diesen großen Ebenen bei einem Blizzard, unter Schnee begraben, umgekommen.

Da taucht aus einem Wirbel Mustagan auf; es gelingt ihm, indem er dem Geheul der Hunde folgt, unsere Mannschaften zu sammeln. Die Schlitten werden hochgestellt als Schutzwälle, die Menschen und die Tiere drängen sich zusammen, um der Kälte besser Widerstand zu leisten. Ein Feuer anzumachen ist unmöglich! Wir werden hier erfrieren, wenn es uns nicht gelingt, in einer stilleren Zwischenpause in den Wald zu flüchten. Schließlich, nach langem Warten, klärt sich für kurze Zeit die Luft, und wir können Schutz im Dickicht suchen. Donnerstag überqueren wir mehrere kahle Bergrücken, über die der Wind hinwegfegt; der Schnee ist dort zu spitzen Eisnadeln gefroren, die unseren Hunden die Pfoten verletzen. Mustagan läßt halten, damit den Tieren Schuhe angezogen werden, Schuhe aus Hirschleder, von denen wir einen großen Vorrat mitführen. Sie werden mit kräftigen Riemen an den Pfoten der Hunde befestigt. Es kommt vor, daß die Eisnadeln die dünnen Häute zwischen den Zehen zerschneiden oder gar die Krallen wegreißen. Und wenn ein Hund Verletzungen davonträgt, ist er zu nichts mehr zu gebrauchen; er bleibt stehen und verweigert jede Dienstleistung — so lange, bis man seine Pfote mit etwas harzgetränkter Watte verbunden hat.

Die Hunde lieben diese Schuhe sehr; manche wenden alle möglichen Listen an, damit man sie ihnen anzieht. Sie tun, als seien sie schwer verwundet; auch die wilden und bösartigen legen sich dann winselnd auf den Rücken, strecken ihre Pfoten in die Luft und halten sie dem Führer eine nach der anderen hin, damit er ihnen Schuhe anzieht.

Ebenso beliebt wie die Schuhe sind auch drei oder vier kleine Glöckchen, die die Hunde an den Halsbändern tragen; wenn wir einen Hund bestrafen wollen, nehmen wir ihm seine Glöckchen fort.

An diesem Abend schlagen wir das Lager am Rande eines Waldes auf. Am Himmel glitzern die Sterne, und die Luft ist ruhig. Aber unversehens bricht der Blizzard wieder los; wie ein Ungeheuer, das nach Beute sucht, fährt er heulend durch die Wälder, über Seen hinweg, durch die ungeheuren Ebenen. Im Nu ist unser Lager verwüstet. Die mühsam aufgetürmten Schneewälle werden von dem Sturm, der nach allen Seiten wirbelt, fortgetragen, das Feuer, das so munter brannte, wird vom Schnee erstickt; wo die Flammen eben noch Wärme und Helligkeit verbreiteten, stru-

delt eine dichte, unaufhörlich hin und her gewehte Schnee-
flut.

Mustagan ruft mir zu, ich solle unbeweglich liegen bleiben, solange das Wüten des Schneesturms anhält. Trotz
des Aufruhrs schlafen wir im Schutze unserer warmen
Decken ungestört, der Neuschnee breitet eine weitere
warme Hülle über uns.

Das Erwachen ist dagegen weniger angenehm. Alles ist
im Schnee begraben. Selbst die Hunde sind verschwunden.
Wir müssen überall den Schnee durchwühlen, um sie auf-
zustöbern. Die Schneeschuhe, die Geschirre und sogar die
Schlitten, alle Dinge müssen einzeln ausgegraben werden,
dabei dringt uns die Kälte schneidend in die Haut.

Zum Feuermachen müssen wir den ganzen Schnee weg-
räumen und neues Holz schlagen, denn das vom Abend
vorher ist zu naß geworden.

Samstagabend suchen wir uns einen Lagerplatz, der für
eine längere Rast geeignet ist. Wir machen ziemlich zeitig
halt, damit wir einen reichlichen Holzvorrat zusammen-
bringen können; wir wollen einen ruhigen Sonntag verbringen.

NIEMALS SKLAVEN!

Als die dritte Woche unserer Fahrt zu Ende geht, erblicken wir in der Ferne Wigwams. Ich freue mich sehr, daß ich nun endlich echten Indianern begegnen werde, solchen, die noch glücklich und fern von den Weißen leben. Ich bin so begierig auf diese Begegnung, daß wir bei Eintritt der Dunkelheit nicht haltmachen, sondern weiterfahren, denn ich möchte das Indianerdorf noch heute erreichen. Zu unserer Überraschung hören wir Geschrei, als wir näher kommen, dann eine wilde, von lautem Brüllen begleitete Musik. Meine Gefährten erklären mir, daß diese Indianer wahrscheinlich von einer Kriegsfahrt zurückgekommen sind und nun ihren Sieg feiern. Wir nähern uns mit Vorsicht.

Das ganze Dorf gibt sich dem Freudentaumel hin, es ist eine scheußliche Orgie im Gange. Die Krieger des Stammes haben ein Lager von Schwarzfußindianern überfallen und mitten in der Nacht hundert ihrer Erbfeinde umgebracht. Als Siegestrophäen tragen sie die Skalpe ihrer Opfer.

Für Mustagan ist diese Grausamkeit seiner Rasse schmerzlich; er dringt darauf, daß wir bis zum nächsten Walde weiterfahren; er will die Nacht nicht in der Nähe dieser mit blutigen Skalpen dekorierten Wigwams verbringen. Eilends entfernen wir uns von der Stätte dieses grausigen Festes.

Im Dunkeln ist es schwierig, einen guten Lagerplatz zu finden; wir kampieren an einer offenen Stelle ohne Windschutz. Das Feuer will nicht richtig brennen, die Kälte ist furchtbar und läßt mich nicht schlafen, außerdem verfolgen mich die barbarischen Szenen bei den Indianern.

Am nächsten Morgen, als wir aufbrechen, werden die

Hunde hintereinander angeschirrt; das ist ein schlechtes Zeichen: die Fahrt wird durch Wälder gehen! Gestern im offenen Land waren die Hunde fächerförmig angeordnet, sie konnten ungehindert ausgreifen, jeder machte seine eigene Fährte. Heute steht uns eine harte Arbeit bevor.

Wo der Wald zu dicht ist, haut Mustagan die Äste ab und bahnt uns einen Weg. Aber er allein wird damit nicht fertig. Wir müssen alle mithelfen, Astwerk beseitigen und den tiefen Schnee mühsam festtrampeln, damit die Schlitten weiterkönnen. Wenn wir zu Fuß gehen, benützen wir die Schneeschuhe; sie sind anderthalb Meter lang und dreißig Zentimeter breit und bestehen aus Geflecht. Angetan mit diesen ebenso unbequemen wie brauchbaren Instrumenten läuft Mustagan mit staunenswerter Ausdauer vor den Hunden her. Am meisten aber wundert mich, daß er nie die Richtung verliert, obwohl die vielen Hindernisse, die umgangen werden müssen, uns zu ständigen Zickzackwegen zwingen.

3. Januar 1841. — Bei starkem Schneesturm kommen wir plötzlich an einem indianischen Lager an. Wie hat Mustagan es nur gefunden? Ein Rätsel. Wir werden freundlich aufgenommen, und die Indianer hören unsere Botschaft mit Ehrfurcht an.

Abends bricht in einem der Wigwams ein Streit aus. Zwei Männer haben ein Pferd gestohlen, und jeder beansprucht es für sich. Der eine macht dem Streit ein Ende, indem er seinem Kameraden mit dem Tomahawk den Kopf spaltet. Ist das nicht die einfachste Lösung? Mit dem Pferd hinter sich, den Skalp des Gefährten triumphierend durch die Luft schwenkend, zieht er zu seinem Wigwam zurück.

Voller Empörung mische ich mich ein. Der Bandit behandelt mich von oben herab:

»Wir sind keine furchtsamen Weiber, Bleichgesicht! Wir kämpfen ohne Erbarmen, um unsere Feinde ausplündern zu können, das ist unsere Lebensfreude.« Am nächsten Tage spreche ich am Lagerfeuer von der Liebe Jesu:

»Gehorcht Gott, dann werdet ihr in Frieden leben können.«

Sofort erheben sich Protestrufe:

»Wir sind niemals Sklaven anderer gewesen; nur Feiglinge gehorchen. Was soll uns der Frieden? Wir leben für den Krieg!«

Tatsächlich ist es keinem je gelungen, dieses stolze Volk zu unterwerfen; durch brutale Grausamkeit hat man ganze Stämme ausgerottet, aber nie erreicht, daß sich auch nur ein einziges Stammesmitglied unterwarf.

9. Januar. — Am Feuer bereite ich mich für die Nacht vor.

»Mustagan, wo ist denn bloß mein zweiter Pelzstiefel?«

Wir suchen alles ab, doch vergeblich. Aber woran nagt dort Koona? Es ist der Absatz meines Stiefels, Koona ist dabei, ihn, wenn auch mit einiger Mühe, zu verschlingen; alles andere ist bereits verschwunden. Abscheulicher Räuber, deinetwegen werde ich erfrieren! Mustagan will ihm den Überrest entreißen. Doch wozu? Das Tier soll seinen Raub behalten und sich ruhig daran gütlich tun bis zum letzten Riemen, wenn es soviel Freude daran findet . . . Seit langem haben wir es aufgegeben, ihm seine Diebereien abzugewöhnen. Fast alle unsere Hunde sind abscheuliche Diebe; uns alles zu stehlen, was wir notwendig brauchen, ist ihr größter Spaß; und sie verschlingen alles, auch das Unwahrscheinlichste: Geschirr, Peitschen, Pelzmützen, alte Stiefel entlocken ihnen ein genießerisches Grunzen. Und was sie wegen Übersättigung nicht mehr in sich hineinschlingen können, das wird mit List verscharrt. Ihre Streiche bringen uns viel Unannehmlichkeiten, manchmal aber müssen wir auch herzlich lachen.

10. Januar. — Über die Ebene gleitet ein schwarzer Punkt. Die scharfen Augen unseres Führers erkennen einen Schlitten, dessen Weg den unseren kreuzen wird. Mustagan richtet es so ein, daß wir den fremden Indianer bald erreichen. Es ist ein Jäger, der zu seinem Wigwam heimkehrt. Wir folgen ihm.

Als wir um das Feuer sitzen, versuche ich eine Unterhaltung anzuspinnen. Aber meine Bemühungen bleiben erfolglos. Nur eines interessiert ihn — er fragt meine Kameraden aus, wem wir begegnet seien. Ob wir Schwarzfußindianer gesehen haben? Oder Pferde zum Stehlen? Er begeistert sich daran, seine jüngsten Heldentaten zu erzälen, wobei er sich bemüht, gewöhnlichen Räubereien einen heroischen Anstrich zu geben.

Er lädt uns jedoch ein, in seinem Wigwam zu übernachten. Der Boden der Hütte ist so abstoßend schmutzig, daß ich mich auf eine Plane lege und rmüdet neben unserem Gastgeber einschlafe. Am anderen Morgen sagt er höchst erstaunt:

»Was bist du für ein merkwürdiger Mann? ¬u schläfst hier ruhig ohne jeden Argwohn, wo ich dich doch hätte töten und ausrauben und ins Dickicht werfen können!«

Mein naives Vertrauen hat diesen Wegelagerer gerührt; jetzt können wir miteinander reden.

12. Januar. — In einem Wigwam erzähle ich vom Tode Jesu, der sich zum Opfer dargeboten hat, um die Schuldigen zu erretten. Die Indianer können sich nicht damit abfinden, daß ein Schuldloser sich freiwillig dem Tode aussetzt. Mustagan erwidert ihnen:

»Denkt doch an die Geschichte, die unsere Väter uns über-
liefert haben. Damals, als der englische Hauptmann massakriert werden sollte und der Häuptling schon das Zeichen
gab, hat sich Pocahoutas, seine Tochter, über den Gefessel-
ten geworfen. Sie hat zu ihrem Vater gesagt: ›Du kannst
mich töten, wenn du willst, aber den weißen Mann sollst
du nicht anrühren.‹ Hat sie den Gefangenen nicht gerettet
— dadurch, daß sie sich dem Tode ausgesetzt hat?«

Die edelmütige Gesinnung der Opferbereitschaft rührt
die Indianer innerlich an, sie hören die Geschichte Jesu
nun ohne Widerspruch.

DIE WINDEGOOS

Das Thermometer zeigt heute abend 52 Grad unter Null.
Die Kälte macht unser Abendessen schwierig. Nur mit Mühe können wir den Schnee in den ans Feuer gestellten Kes-
seln zum Schmelzen bringen, und wir müssen lange auf den
Tee warten. Um uns Wärme zuzuführen, kochen wir das
fetteste Fleisch, das wir besitzen, ein Stück Bärenfleisch und
einen halben Biber.

Endlich können wir den kochendheißen, kräftigen und
stark gesüßten Tee in unsere Tassen gießen. Das Schwierige ist nun das Trinken; schon nach zwei bis drei Minuten
gefriert er in der Tasse. Auch das Fleisch gefriert wieder
— dreimal während dieser Mahlzeit; und bevor wir weiter-
essen können, müssen wir es wieder in den Kessel mit ko-
chendem Wasser legen, den wir zu diesem Zweck am Feuer haben stehen lassen.

12. Februar. — »Mustagan, was bedeuten diese schwarzen Löcher an der Böschung dort?«

»Das sind Öfen zum Hunde braten, Herr. Die Indianer braten ihre Lieblingshunde, und dann essen sie sie bei einem Festmahl zum Andenken an irgendeinen Vorfahren.«

»Die armen Hunde! Was sie ausstehen müssen!«

»Sie heulen entsetzlich.«

Am Abend ist es wieder genauso kalt wie gestern. Wir kampieren am Rande eines Fichtenwaldes.

»Herr, unsere Hunde werden heute nacht trotz ihres dikken Felles frieren. Ich werde ihnen Betten machen.

Mustagan höhlt im Schnee einen grabenartigen Schacht aus und breitet auf den Boden dichte Zweige, und die Hunde legen sich eilends und voll Freude auf diese Unterlage.

20. Februar. — Wir entdecken einen einsamen Wigwam neben einer Gruppe Birken. Kein Rauch steigt aus dem spitzen Dach, in dem Neuschnee ringsumher ist keine einzige Spur zu sehen.

Wer mag hier wohnen?

In der Tür erscheint ein Indianer mit beunruhigend stechenden Augen. Sein Gesicht wirkt ebenso intelligent wie verschlagen. Bei seinem plötzlichen Auftauchen läuft es mir kalt den Rücken hinunter.

»Er ist ein Zauberer«, flüstert mir Mustagan zu.

Der Indianer erklärt uns, warum er hier so einsam lebt.

»Viele Jahre bin ich mit einem Zauberer umhergezogen, um von ihm die Geheimnisse zu erfahren, die er über die Menschen und die Natur wußte. Er hat mich gelehrt, welche Kräfte in den Pflanzen und Tieren sind; ich kenne die Heilmittel und weiß, wie man sie anwendet. Jetzt warte ich darauf, daß die Geister zu mir reden. Zwanzig Tage lang habe ich nichts zu mir genommen, nur abends nach Sonnenuntergang Wasser von ausgekochten Knochen. Nun faste ich so lange, bis die Geister mich durch die Reiche des Himmels führen, um mich die Geheimnisse des Lebens und des Todes zu lehren.«

Er erzählt uns einige seiner Visionen.

Seine Worte flößen meinen Führern eine Angst ein, die mich wundert. Als wir weiterfahren, frage ich Mustagan nach dem Grund.

»Herr«, sagt er, »du kennst nicht die Arzneien des Zauberers. Er kann die Kranken heilen, noch öfter aber vergiftet er die Gesunden. Wenn er ein paar Tropfen von den Giften, die er fabriziert, ins Essen mischt, kann er auf der Stelle töten oder wahnsinnig machen oder grauenhafte Schmerzen hervorrufen. Das ist der Grund, warum die Indianer vor den Medizinmännern zittern.«

»Und warum duldet ihr sie?«

»Durch ihre Urteilssprüche werden die Gesetze und Regeln des Stammes aufrechterhalten. Ohne diese Angst gäbe es keine Ordnung mehr.

»Und die Windegoos, Mustagan?«

»Ja, du hast recht, Herr! Die Indianer fürchten die Windegoos, die bösen Geister, die darauf aus sind, ihnen Unheil anzutun. Denn sie sind es, die das Wild vor den Jägern verscheuchen, die die Stürme schicken und die Wanderer in die Irre führen und sogar verschlingen. Um den Zorn der bösen Geister zu besänftigen, hält sich der Indianer an den Zauberer.«

25. Februar. — Als der Tag sich neigt, stehen wir mitten auf einer endlosen, vom Sturm überfegten Ebene, wo nichts gegen die Gewalt des Windes Schutz bietet. Die Nacht auf einem solchen miserablen Lagerplatz wird qualvoll sein. Mustagan hat auf seinem Schlitten etwas trockenes Holz, genug um unser Essen zu kochen, aber nicht genug, um uns damit zu wärmen.

Auch an den folgenden Tagen stoßen wir in dieser waldlosen Gegend nur auf einzelne Birken. Sie schützen nicht im mindesten vor den schneidend kalten Winden und liefern nur sehr schlechtes Brennholz; ihr Holz verkohlt und gibt fast keine Wärme. So sind die Nachtlager auf den nackten, allen Winden preisgegebenen Ebenen ziemlich trostlos.

Der Mangel an wirklicher Ruhe setzt mir sehr zu, ich bin abgespannt durch den aufreibenden Kampf gegen die erbarmungslosen Winde und die ständige Kälte.

3. März. — Die Kälte ist furchtbar, die Temperaturen bewegen sich um 60 Grad. Des Nachts winseln die Hunde zum Erbarmen. Mustagan steht auf und zieht ihnen als wärmende Fußbekleidung ihre Schuhe an. Diese kleine Aufmerksamkeit bringt die Klagelaute der Hunde zum Verstummen. Der gute Mustagan! Mitten in der Nacht aufzustehen, ist keineswegs angenehm. Wenn ein Indianer sich in seine berühmte Pelzdecke aus hundertzwanzig Kaninchenfellen eingewickelt hat, wird ihm warm und er schwitzt, auch beim ärgsten Sturm. Es ist eine wahrhaft heroische Tat, aus dem warmen Nest herauszukriechen und die Hunde aufzusuchen.

8. März. — »Mustagan, was ist das für ein merkwürdiger Wald dort? Mit den Stämmen, die zwei oder drei Meter über dem Boden abgesägt sind? Sieht es nicht so aus, als wenn der eine Stumpf zurechtgehauen wäre und einen Bären darstellen soll? Und der andere dort einen Menschen?«

»Das sind die Götzenbilder dieses Stammes.«

»Hat der alte Stumpf dort, der so rissig und von Ameisen zerfressen ist, nicht ein menschliches Gesicht? Und steckt nicht in der Mundhöhle eine gebratene Hundekeule und auch Tabak? Sind das eure Götter?«

»Herr, du weißt, daß ich zu diesen Göttern kein Vertrauen mehr habe. Ich höre den Großen Geist in den Wäldern; ich sehe im Donner und im Sturm seine Macht; ich erkenne seine Güte in den Rentieren, den Bibern und den Bären, die er uns im Winter gibt. Bei jedem Mondwechsel bereitet er uns unsere Nahrung. Ich habe seit Jahren über diese Dinge nachgedacht, und ich weiß, daß der Große Geist gütig ist. Aber mein Volk begreift das nicht. Wir glauben nicht, daß der Große Geist in diesen toten Baumstümpfen sei, aber wir wissen nicht, wie er ist, wir haben ihn noch nie gesehen und können uns nicht denken, wie er aussieht.«

Auf der kahlen, sonnenbeschienenen Ebene greifen die Hunde munter aus. Mustagan setzt sich neben mich, und wir sprechen lange von Jesus und der Liebe des Vaters.

15. März. — Als wir an ein Dorf herankommen, vernehmen wir die gellenden Schreie der alten Geisterbeschwörer, begleitet von dem dumpfen Dröhnen ihrer Trommeln. Mustagan sagt brummend:

»Die Armen! Damit, meinen sie, könnten sie die Windegoos verjagen und das Unglück abwenden!«

In dem größten Wigwam des Dorfes erkläre ich den um das Feuer versammelten Indianern das Gleichnis vom verlorenen Sohn und die Liebe Gottes. Sie hören mit Interesse zu, bleiben aber ängstlich: die Zauberer sitzen dabei und überwachen jedes Wort, bereit, den Glauben der Väter zu verteidigen. Einer der Indianer erklärt:

»Mein Vater hat von diesen Geschichten nie gehört. Warum soll ich sie jetzt anhören? Wie mein Vater gestorben ist, so will ich auch sterben.«

Daraufhin erhebt sich Mustagan:

»Ist unsere alte Religion nicht immer unser Feind gewesen? Sie hat uns nichts als Leid gebracht; mein früheres böses Leben war wie eine schreckliche Krankheit, oft hätte ich schreien können. Solange ihr an der alten Religion festhaltet, werdet ihr immer unglücklich sein. Ich selber habe sie aus meinem Herzen hinausgeworfen, und jetzt bin ich glücklich, weil ich weiß, daß der Große Geist uns liebt.«

FRÜHLING

Seit einigen Tagen ist die Temperatur im Steigen; der Frühling naht. Der April bringt Stürme; mit Ungeduld warten wir darauf, wieder Blumen zu sehen und das Murmeln der Bäche zu hören.

Wir eilen gegen Osten, doch die Fahrt ist sehr beschwerlich. In den Ländern mit viel Schnee sind die Wochen, die die Wiederkehr des Frühlings einleiten, die trostlosesten des ganzen Jahres. Der Wind häuft neue Schneewehen auf und schiebt das Kommen des Sommers immer wieder hinaus, so daß man fast verzweifelt. Dann verwandeln die ersten Regengüsse die Fahrbahn in ein Meer von Matsch; nur mit Mühe kommt man in dem schweren Schnee noch voran. Die Hunde versinken in den Vertiefungen, und nur mit großer Anstrengung kann man den Schlitten wieder flott machen.

Anfangs Mai folgen mehrere warme Tage. Unter den brennenden Strahlen der Sonne wird die Eisdecke auf den Seen ziemlich dünn. Das Tauwetter bringt uns in Gefahr. Wir fahren nicht sehr weit vom Ufer einen See entlang und ahnen nicht, wie brüchig unsere Fahrbahn ist.

Auf einmal habe ich das Gefühl, als wenn das Eis sich unter dem Gewicht des Schlittens biege; im nächsten Augenblick ist die Schlittenkufe von Tenagibachak schon eingebrochen. Überrascht und beunruhigt will ich meine Hunde anhalten. Aber Mustagan hat die Gefahr sofort erkannt: »Nicht anhalten, Missionar; fahre gleichmäßig weiter, nicht ruckweise; halte auf das Ufer zu.«

Auch die Hunde haben die Gefahr sogleich gespürt; aus eigenem Instinkt haben sie einen gleitenden, regelmäßigen und vorsichtigen Trab eingeschlagen und bringen uns in sanftem Lauf aufs sichere Land. In den folgenden Tagen brechen heftige Stürme die Eisdecke auf dem See entzwei und zerschneiden sie in einzelne, durch offene Kanäle getrennte Felder. Daraufhin nehmen wir unseren Weg durch die Wälder. Dann setzt wieder starker Frost ein; in einigen Stunden hat sich auf den offenen Stellen wieder Eis gebildet und die getrennten Felder neu verbunden. Ein ausgiebiger Schneefall ebnet die neuen und alten Eisflächen ein, und der See gibt wieder eine angenehme Fahrbahn ab.

Aber Mustagan ist besorgt, er befürchtet, daß das neugefrorene, noch dünne Eis auf den Kanälen, wenn wir darüberfahren, bricht. Durch den Schnee sind die gefährlichen Stellen verdeckt. Um sie zu erkennen, geht unser Führer vor den Schlitten her; trotz seiner langjährigen Erfahrung ist sein Gang nicht sicher. Und schon gibt das Eis unter seinen Füßen zum erstenmal nach, und das Wasser sprudelt hoch; aber Mustagan, erstaunlich behende, ist schon auf den Rand des festen Eises gesprungen und zeigt uns, welchen Umweg wir machen müssen. Dann brechen zwei nebeneinander laufende Hunde ein; auch sie kommen rasch herauf, da wir ihnen helfen und an ihren Riemen ziehen.

Plötzlich versinkt Tenagibachaks Schlitten und dreht sich im Wasser nach unten. Auch der Fahrer fällt ins Wasser, desgleichen einer seiner Hunde. Wenn wir ihnen nicht zu Hilfe kommen, können beide ertrinken. So rasch es geht, fischen wir sie aus dem Wasser. Dann gehen wir an die schwierigere Bergung des Schlittens. Während wir aus einiger Entfernung das schwere, an den Eisrändern verhakte Fahrzeug heranziehen, werden Tenagibachak und sein Hund von der Kälte überfallen; kaum aus dem Wasser herausgezogen, bedecken sie sich schon mit einer dicken Eisschicht und beginnen jämmerlich zu wimmern. Sobald wir den Schlitten hochgehißt haben, eilen wir zum Ufer und entfachen dort ein großes Feuer, das unsere armen Vereisten von ihrem Panzer befreit.

Dann folgen etwas wärmere Tage; das Thermometer schwankt um Null. Wieder bringt das Nahen des Frühlings trostloses Wetter. Es schneit jeden Tag, aber nun ist es nicht mehr der schöne leichte Pulverschnee der Wintermonate, sondern schwere, nasse Flocken sinken lautlos und eintönig hernieder. Unter unseren Füßen ballt der Schnee sich zusammen, er schmilzt und pappt. Von den Zweigen fällt er in dicken Packen herunter und landet unten mit dumpfem Aufprall in der weichen Masse, die den Schall verschluckt. Wir kriechen unter niedrigem Geäst dahin, durch das ein feiner Regen sickert, wir tauchen in den Nebel und wissen nicht, ob wir auf dem richtigen Wege sind. Wir sind vom Schnee durchnäßt, wir waten durch Matsch und dampfen vor Feuchtigkeit. Es ist ein mühsames Vordringen, es ermüdet sehr.

Unter dem Einfluß dieses deprimierenden Wetters überkommt mich häufig Mutlosigkeit. Während der letzten Wochen habe ich versucht, meine Enttäuschung vor mir selber zu vertuschen; jetzt bricht die Niedergeschlagenheit offen durch.

Seit fünf Monaten überqueren wir die schneebedeckten Ebenen, eine 10 000 Kilometer lange Spur haben unsere Schlitten auf dieser ungewöhnlichen und aufregenden Reise in die weißen Flächen gegraben. Wir sind in nahe Berührung mit wildlebenden Indianern gekommen; in ihren Wigwams habe ich gewohnt, ich bin mit ihnen auf die Jagd gegangen, ich habe sie beobachten können, ihren Charakter, ihre Lebensweise ... und doch bin ich enttäuscht! Keiner dieser Rothäute gleicht dem Indianer meiner Kindheit, dem, den ich wiederfinden möchte.

Die Algonquins, die ich getroffen habe, sind imponierend und großartig, aber das Edle in ihnen wird durch ihre heidnische Gesinnung entwertet. Überall regiert die Mißgunst, die Gewalt, die Lasterhaftigkeit. Die Menschen sind unglücklich, von einer ständigen Angst gehetzt. Ein armes Volk! Nach außen stark und stolz und unerschrocken, aber durch die Wildheit seiner Sitten ohne Glück. Im Vorüberfahren stoße ich an einen dick mit Schnee bepackten Ast; der ganze Baum gerät ins Schwanken und läßt eine weiße Hülle auf mich herunterfallen. Ich bin beinahe von dem schweren Schnee verschüttet. In diesem nassen Dunst sieht alles trüb und trostlos aus; jeder Glanz, jede Schönheit ist erloschen. Gegen den Sturm kann man mutig ankämpfen, die Windstöße fordern zum Widerstand heraus. Dieser zähe Schnee dagegen legt sich lähmend aufs Gemüt. Ich bin abgespannt und müde; werde ich den Indianer meiner Träume jemals finden?

Als wir beim Durchqueren eines Waldes auf eine Lichtung kommen, stoßen wir auf frische Spuren, die uns durch dichten Nebel zu einem Hügel führen. Es ist ein Grab; der

Besuch muß erst heute stattgefunden haben, ringsherum ist der Schnee beiseite geräumt; man sieht die Überreste eines Mahles. Auf dem Grabhügel sind in regelmäßiger Anordnung Zähne und Krallen von Grizzlybären hingelegt.

Gegen Abend klart das Wetter etwas auf. Die Wolkendecke lockert sich, von den unberührten weißen Flächen strahlt ein mattes Licht zurück. Der bleierne Schnee bekommt wieder Glanz, die Konturen der Dinge werden wieder sichtbar. Wir atmen freier. Und dann zerreißt der Wind die Nebelschwaden. Vor uns dehnt sich leuchtend die grenzenlose Ebene. Der Widerschein der untergehenden Sonne belebt die sanftgeschwungenen Hügel mit zarten Farben. Auch in unserem Innern leuchtet eine neue Hoffnung auf.

Im schwindenden Tageslicht eilen wir auf einen Wald zu, als mein Schlitten mit einem plötzlichen Ruck zum Stehen kommt; die eine Kufe ist zerbrochen. Tenagibachak hilft mir beim Reparieren, während Mustagan mit dem dritten Schlitten vorausfährt, um eine geeignete Stelle zum Übernachten zu suchen; wir werden seiner Spur ohne Mühe folgen können, da sie nicht durch neuen Schnee verwischt wird.

Die Nacht ist schon hereingebrochen, als Mustagan und sein Gefährte in ein Dorf gelangen. Der tiefe Schnee verschluckt das Geräusch ihres Gespanns: niemand hat sie kommen hören. Sie lauschen; aus einem großen Wigwam dringen Töne an ihr Ohr. Sie gehen näher hin und hören zu ihrem Staunen Gesang — nicht die monotonen Beschwörungsformeln der heidnischen Zauberer, der Medizinmänner, sondern ein christliches Lied. Darauf spricht eine kräftige und klare Stimme ein Gebet: »Herr, sende uns doch einen Missionar.« Die Bitte wird mit großer Inbrunst mehrmals wiederholt: »Herr, sende uns doch einen Missionar, der uns hilft, dich besser zu erkennen durch dein Wort, dich und deinen Sohn Jesus Christus!«

Freudig bewegt hebt Mustagan das Leder hoch, das als Tür dient, tritt leise ein, kniet inmitten der Indianer nieder und betet mit. Als sie sich erheben, kündigt er ihnen das Eintreffen eines Missionares an. Voller Entzücken drängen sich nun alle um ihn, mit Freudenrufen und Tränen des Glücks nehmen sie ihn in ihrer Mitte auf; sie meinen, er komme auf ihr Gebet hin stracks vom Himmel. Ihr Stamm hatte vor Jahren das Evangelium angenommen, als sie noch fern im Osten lebten. Dann, nachdem auch sie geflohen waren, hatten sie seit langem jegliche Verbindung mit der christlichen Kirche verloren, aber ihrem neuen Glauben waren sie treu geblieben und hatten ein rechtschaffenes Leben geführt. Auch achteten sie noch immer die Sonntage.

Als ich eine Stunde später in dem Dorfe eintraf, empfing mich Mustagan mit den Worten:

»Herr, sie warten schon auf dich.«

Wir bleiben ein paar Tage bei diesen Indianern, die nach der Erkenntnis Gottes streben, dann setzen wir unsere Fahrt nach Norway House wieder fort. Mir ist es leid, daß ich diesen jungen Christen nicht wenigstens ein Evangelium habe dalassen können, einen Führer für ihren aufstrebenden Glauben. Unterwegs sagt Mustagan zu mir:

»Herr, gib uns Gottes Wort in unserer Sprache, und lehre uns lesen.«

IM RINDENKANU

DAS BOOT

Das Tauwetter hält uns in Norway House gefangen. Der
Sommer naht: wir bereiten eine neue Fahrt vor. Kein fester Weg führt im Sommer durch dieses riesenhafte Land
voller Urwald, Seen und Sümpfe. Die einzigen Reiserou-
ten sind die Flüsse. In seinen Seen und Flüssen besitzt das
Land ein wertvolles Netz von Wasserwegen, Tausende von
Kilometern lang: wir werden unsere Reise im Kanu machen.

Vor unseren Augen fließt majestätisch der Nelsonfluß;
warum brechen wir nicht auf, worauf warten wir?

»Es ist noch zu früh, Missionar; der Saskatchewan führt
jetzt noch Treibeis, und der Winnipegsee ist durch Eisfelder blockiert. Wir werden dir inzwischen ein gutes Kanu
bauen.«

Meine Genossen machen sich ans Werk. Sie holen sich
Birkenrinde, die biegsam und widerstandsfähig ist. Der er-
fahrene Kanubauer bemüht sich, die Rindenstücke möglichst groß zu machen; an dem Birkenstamm macht er zuerst einen langen, senkrechten Schnitt, dann an dessen obe-
rem und unterem Ende einen waagrechten Schnitt rund um
den Stamm. Mit einem langen Messer löst er dann die Rinde vorsichtig in einem Stück vom Holz des Stammes ab.
Um die einzelnen Rindenstücke zusammenzufügen, näht
er sie mit dünnen Fichten- oder Tannenwurzeln aneinan-
der; in Wasser eingeweicht und ausgiebig gewalkt, werden
diese Wurzeln so geschmeidig wie Lederriemen.

Das durch Zusammennähen entstandene »Tuch« aus

Rinde wird über ein festes Gestell gespannt und wiederum mit Wurzeln festgenäht. Dünne, im Halbkreis gebogene Stäbe aus Zedern- oder Edeltannenholz geben die Verstärkung — elastisch genug, um bei Stößen nicht zu brechen, und doch so stark, daß das Boot seine regelmäßige Form und seine Festigkeit behält. Zum Schluß werden die Nahtstellen mit Fichtenpech überzogen, ebenso alle schwachen oder exponierten Teile.

»Komm mit, Missionar, und sieh zu, wir wollen das Kanu ausprobieren, ob es dicht ist.«

Das Boot ist zwischen zwei Bäumen aufgehängt und mit Wasser gefüllt. Jede undichte Stelle wird sofort erkannt und mit Pech gedichtet.

Das Kanu aus Rinde flößt mir keinerlei Vertrauen ein, es ist so leicht und so zerbrechlich! Aber die Indianer versichern mir, daß ich seine vielen Vorzüge bald erkennen werde.

Ein wenig enttäuscht bin ich offen gestanden auch von dem Aussehen Kahwonabys, der bei dieser Sommerfahrt unser Steuermann und Führer sein soll. Gewiß, kräftige Muskeln hat er, aber die stolze Haltung Mustagans besitzt er nicht, auch nicht dessen entschlossenes Wesen. Allerdings muß ich zugeben, daß er bei der Leitung des Bootsbaues sowohl Gewissenhaftigkeit als auch Tüchtigkeit bewiesen hat; und ich war erstaunt, mit welcher Freundlichkeit und Sanftheit er den Arbeitern seine Anordnungen gab, und wie rasch und bereitwillig diese befolgt wurden. Vielleicht hat dieser stille Mensch viel mehr Autorität, als man bei seinem ruhigen, bescheidenen Wesen annehmen würde.

Mitte Juni besteigen wir das Rindenkanu und starten. Wir fahren den Nelsonfluß hinauf, am Ufer des Winnipegsees entlang und dann in den Saskatchewan. Natürlich ist diese Reise sehr viel angenehmer als unsere Fahrt im Winter. Vor allem haben wir bequeme Nachtlager und eine viel leichtere Verpflegung.

Allmählich fasse ich auch Zutrauen zu unserem Kanu und lasse mich von den Wellen schaukeln. Aber was bedeutet dieser plötzliche Stoß? Wir sind über eine treibende Eisscholle hinweggerutscht. Mit ihrer scharfen Kante hat sie unseren Bootsrumpf aufgeritzt, und das Wasser dringt in Strömen ein. In großer Hast erreichen unsere Ruderer das Ufer, während ich, soweit es geht, das einströmende eisige Wasser ausschöpfe. Am Lande zünden die Ruderer ein Feuer an, um Harz zu schmelzen, währenddessen untersuche ich mit Kahwonaby die Wunde unseres Bootes. Der Steuermann flickt die Rinde wie den Riß in einem Kleidungsstück und näht sie mit feinen, weichen Fichtenwurzeln sorgsam wieder zu. Eine gute Lage Pech macht die Stelle wasserdicht. In kurzem ist das Boot wieder fahrbereit.

Abends schlagen wir am Ufer unter Bäumen unser Lager auf. Ein großes Feuer flackert und erhitzt die Kessel; daneben steht das Zelt, in dem wir schlafen. Am Feuer halten wir unsere Abendandacht. Wenn in der Nähe Indianer wohnen, so nehmen sie daran teil, und alle freuen sich, wenn sie Lieder und Geschichten aus der Bibel hören.

Während der Tauperiode ist das Flußwasser trüb, und dies bringt uns oft in unangenehme Situationen. Eines Tages laufen wir auf einen Felsen auf; die Ruderer springen in das eisige Wasser, schwimmen um das Boot herum und können es nun, nachdem es leichter geworden ist, von dem Felsen herunterschieben.

Bei günstigem Wind hissen wir ein großes viereckiges Segel, das den Ruderern eine willkommene Hilfe bringt.

Die Fahrt auf den umwaldeten Flußläufen ist dann voller Reize.

2. Juli. — Seit drei Tagen begleitet uns als allzu anhänglicher Gefährte der Regen. Das schlechte Wetter ist sehr strapaziös, denn im Kanu gibt es keinerlei Schutz, weder Zelt noch Kabine. Jeder Regenguß kommt herab wie eine Sintflut und in wenigen Minuten ist alles durchnäßt, die Kleider, das Gepäck, der Proviant. Das Schlimmste ist, daß man immer auf der gleichen Stelle sitzen muß, im Regen wie bei brennender Sonne, einmal völlig aufgeweicht und am nächsten Tage ausgedörrt von Hitze. Aber keinem kommt es in den Sinn, die Fahrt wegen dieser Unbilden zu unterbrechen; und abends legt man sich am Land zum Schlafen auf die Erde, mag sie trocken oder naß sein.

3. Juli. — Die Flußufer sind durch den Regen zu Morästen geworden, wir finden nirgends eine Stelle zum Kampieren. Das Kanu ist nun auch nachts unsere einzige und schwankende Unterkunft, essen und auch schlafen müssen wir im Boot, ohne Feuer.

ÜBER LAND

Wir nähern uns den Wasserfällen, die unserer Bootsfahrt eine interessante Abwechslung bescheren werden. Ein dumpfes Donnern zeigt, daß die großen Katarakte nicht mehr weit sind. Bald darauf gelangen wir in das schäumende Wasser an ihrem unteren Ende und fahren vorsichtig bis nahe an die Wirbel heran.

Wir erreichen das Ufer an einem »Landekai«, dort beginnt ein Fußpfad, die »Tragstrecke«. Rasch entladen wir das Boot, das nun von zwei Indianern getragen wird. Das Gepäck wird auf die anderen Ruderer verteilt. Sie laden sich die Ballen auf den Rücken und binden sie mit Riemen fest, die sie über ihre Stirnen legen.

Der Weg ist auf dieser Tragstrecke schlecht — sehr lang, weil eine ganze Reihe unbefahrbarer Stromschnellen umgangen werden müssen, und holperig, immer wieder unterbrochen von Felsen und gefällten Bäumen. Es ist eine mühvolle Arbeit, die Kanus über alle diese Hindernisse hinüber zu bugsieren.

Mit Bewunderung beobachte ich den Gang der Indianer. Es ist weder ein Marschieren noch ein Laufen, eher eine Art Springen. Erstaunlich, mit welcher Geschwindigkeit sie vorwärts kommen; noch schneller ist ihr Schritt, wenn sie ohne Last zurückkommen, um eine zweite Ladung zu holen. Obwohl ich gut zu Fuß bin, bleibe ich sehr bald zurück.

Für mich bringt die Tragstrecke eine angenehme Entspannung nach der eintönigen Bootsfahrt. Stunden- und tagelang im Kanu sitzen, ohne sich zu rühren, ist anstrengender als man denkt — wenn man nicht wie die Indianer von Kindheit auf daran gewöhnt ist. Ein Marsch auf unebenem Fußpfad durch Tannen- oder Birkenwälder wird dann zu einem erholsamen Genuß: die Luft ist milde und duftet, malerische Felsformationen säumen den Weg, und das Auge nimmt entzückt die tausend kleinen Einzelheiten auf, die der Wald vor ihm ausbreitet.

Ist das Hindernis umgangen, so bringt man das Kanu wieder ins Wasser, vertäut die Ladung und setzt den Weg auf dem Flußlauf fort.

»Kahwonaby! Werden wir nicht in die Wasserfälle abgetrieben werden? Die Strömung ist hier furchtbar stark;

warum steigen wir schon hier ein?« »Herr, die Tragstrecke ist sehr lang, wir kürzen sie so viel wie möglich ab.«

Die Ruderer kämpfen mutig gegen die starke Strömung an; langsam, immer nah am Ufer bleibend, schiebt sich unser Boot stromaufwärts.

9. Juli. — Wir haben unser Zelt am Ufer aufgeschlagen. Bäume gibt es hier nur wenig; so weit der Blick reicht, dehnt sich eine weite, grasbewachsene Ebene. Es ist die von den Indianern so geliebte Prärie.

In der Nacht weckt mich ein seltsames Dröhnen. Zieht ein Gewitter auf?

Nein, was erdröhnt, ist der Boden, man spürt die Erschütterung.

»Rasch ins Boot!« ruft Kahwonaby. Noch schlaftrunken leiste ich ihm Folge, ohne zu verstehen, warum. Die Ruderer treiben das Kanu hastig auf den Fluß hinaus, das beängstigende Dröhnen kommt näher und näher. Es ist wie eine riesenhafte, finstere Welle, die am Fluß entlang über die Prärie dahinfegt, unter wildem Brüllen, und hinter der Welle erhebt sich eine ungeheure, die ganze Ebene bedeckende Staubwolke. Eine Erdkatastrophe scheint hereinzubrechen, meine Kehle ist wie zugeschnürt. Schließlich bricht aus dem Dunkel der Nacht eine schwarze, trompetende Masse hervor, die am Ufer des Flusses entlangbrandet und auf ihrem Wege alles niederwalzt. Die Welle braust vorüber, eine zweite folgt, und wieder eine neue. Dann zieht das Dröhnen langsam ab, und auf der in Staub gehüllten Ebene tritt wieder Ruhe ein.

Zu Tausenden sind die rasenden Büffel vorübergebraust. Von sinnloser Panik getrieben, haben sie alles auf der Ebene vernichtet und auch unser Lager in blinder Grausamkeit zertrampelt.

»Kahwonaby, warum haben wir die Büffel nicht mit Gewehrschüssen in eine andere Richtung gejagt?«

»Das kann man nicht; diese Riesenherden lassen sich durch nichts zum Stehen bringen. Die ersten werden von den Tausenden von anderen, die in Raserei geraten sind, rettungslos nach vorn getrieben.«

Unser Zelt liegt in Fetzen da. Wir ziehen das Kanu auf Ufer und drehen es um, so dient es uns als Schutzdach.

17. Juli. — Auf einer Tragstrecke begegnen wir einem prachtvollen Kanu der Hudsonbay-Gesellschaft. Zwölf Meter lang und in der Mitte zwei Meter breit, hat es doch nur einen Meter Tiefgang; vorne und hinten läuft es spitz zu und endet beiderseits in einer schmalen Kante. Mit drei Fahrgästen und sechs Ruderern transportiert es tausend Kilo Fracht; trotzdem ist es so leicht, daß zwei Mann es ohne Mühe tragen können.

Seltsame Gegensätze: kurz darauf treffen wir auf einen einzelnen Jäger, der in der einen Hand sein Gepäck trägt und mit der anderen sein winziges Kanu hält, das wie ein Hut auf seinem Kopf thront.

DIE STROMSCHNELLE

Das Wetter ist schön, der Wind günstig; wir fahren in den See hinein. Plötzlich bricht ein Sturm los. Ich kann mich nur schwer an die krassen Wetterumschläge gewöhnen, die das Fahren auf den Seen Kanadas so gefährlich machen. Mit ungeahnter Heftigkeit rast der Wind über die oft hunderte von Kilometern langen Wasserflächen; der Wellengang gleicht dem des Meeres. Der ganze See ist aufgewühlt, und so plötzlich bricht der Aufruhr los, daß der Ruderer überrumpelt wird.

Von den enormen Wellen hin- und hergeworfen, hasten wir zum Ufer und landen an der ersten besten Stelle. Alles rennt zu den schützenden Tannen, auch das Boot und das Gepäck wird dorthin geschleppt. Vom Sturm gepeitscht, richten wir mit Mühe unser Zelt auf.

Das Unwetter stürzt sich auf die Wälder und Seeufer. Die Blitze blenden uns, der Donner zischt und dröhnt, daß man beinahe taub wird. Von der erschreckenden Gewalt des Sturmes umtobt, hocken wir benommen und erstarrt am Boden.

Unser Zelt ist von flammenden Blitzen ringsherum umzuckt und erzittert unter dem Rollen des Donners. Ungeheure Wellen, weiß von Schaum und vom Wind zerfetzt, branden hoch und brechen sich am Ufer. Der Regen schüttet auf uns nieder wie mit Eimern. Ein altes indianisches Sprichwort sagt, daß aus einem Regen immer eine Sintflut wird. Wir müssen alle Kräfte aufbieten, um zu verhindern, daß der Orkan unser Zelt mit sich fortreißt.

Dann geht das Unwetter vorüber und zieht ab, überrascht findet man sich in einer plötzlich beruhigten Natur wieder. Der wiederhergestellte Friede beeindruckt nicht weniger als der überstandene Aufruhr.

Ähnliche Aufregungen erwarten den Kanufahrer, wenn er die Stromschnellen hinabfährt. Manche wildbachartige Flußstrecken, die man bei der Bergfahrt durch Tragen der Boote umgeht, werden bei der Talfahrt im Kanu zurückgelegt. Die Nähe einer Stromschnelle versetzt den Reisenden in Aufregung, oft sogar in Angst und Schrecken. Das Durchfahren dieser Stellen ist ein interessantes, manchmal schwindelerregendes Erlebnis und fast nie gefahrlos.

Wenn man sich dem Punkt nähert, wo die Strömung zu toben beginnt, bieten die Ruderer alle ihre Kräfte auf, um dem Boot eine Geschwindigkeit zu geben, die noch größer ist als die des Wassers, damit sie das Kanu gut steuern können. Steuermann wie Ruderer stehen aufrecht im Boot, so können sie das schwache Fahrzeug am besten in die weniger gefährlichen Bereiche dirigieren. Der Fluß rauscht und braust, auf allen Seiten spritzt das Wasser schäumend hoch, wenn es auf die Riffe prallt. Zuweilen schießt das Boot mit erschreckender Geschwindigkeit auf einen Felsen zu, gegen den das Wasser tobend anrennt. Wer solche Fahrten nicht gewohnt ist, meint, das Kanu müsse jeden Augenblick zerschellen und in den wilden Strudeln rettungslos versinken. Aber durch einen kräftigen Ruderschlag des Steuermanns gelenkt, entgeht das gebrechliche Fahrzeug der Gefahr. Es taucht in die aufgewühlten Fluten, streift mit der Bordwand die Riffe. Für Augenblicke treibt es still auf einer ruhigeren Gegenströmung, als überlege es, wie es am besten aus dieser vorübergehenden Geborgenheit herausfahre. Dann stürzt es sich von neuem in das wilde Labyrinth der zerfetzten Wogen mit ihrem ohrenbetäubenden Gebrüll, bis es schließlich am Ende der Stromschnelle wieder in ruhige Gewässer kommt. Plötzlich geht die Fahrt nun wieder leicht und friedlich.

Am Samstagabend gehen wir in einer kleinen Bucht, hübsch und windgeschützt, an Land. Hier wollen wir einen stillen Sonntag verbringen. Nach den Aufregungen und Kämpfen dieser Woche ist uns die Ruhe sehr willkommen.

KAHWONABY, DER STEUERMANN

Im Wigwam

In der Nähe des Ufers, von Bäumen halb verdeckt, taucht das Indianerdorf auf. Die Zelte sind zahlreich; etwa hundert an der Zahl, drängen sie sich eng zusammen. Nicht weil es an Platz mangelte: das Land ist endlos und die Bevölkerungszahl gering; daß man die Behausungen so eng zusammendrängt, geschieht aus Gründen der Sicherheit. Ein enggebautes Dorf läßt sich besser verteidigen gegen äußere Feinde. Um so schlechter aber gegen innere, gegen Krankheiten und Laster.

Wir legen an. Mit feierlicher Geste empfängt der Häuptling das erste Bleichgesicht, das sein Dorf betritt. Welch prachtvolle Gestalt, dieser Häuptling! In ihm verkörpert sich der ganze Stolz der Rasse, der Adel und die ungebrochene Kraft der freien Völker. Seine imponierende Figur, die energischen Bewegungen, das intelligente, feingeschnittene Gesicht, der herrscherhafte Blick, alles nötigt einem Achtung und Respekt ab. Der Häuptling ist in großer Aufmachung: Adlerfedern schmücken den Kopf, setzen sich in dichter Reihe über seinen ganzen Rücken fort und schleppen wie ein Schweif am Boden nach; zwei Büffelhörner bezeichnen seinen Rang; das lederne Gewand ist reich bestickt.

Der Häuptling lädt uns in seinen Palast ein. Welche Überraschung! Dieser prächtige Indianer wohnt in einem jämmerlichen Wigwam; ein paar abgeschabte Felle bedecken dreizehn starke, sechs Meter lange Pfähle, die unten einen Kreis bilden und oben spitz zusammenlaufen, etwa einen Meter unterhalb der Enden fest verbunden. Im In-

nern eine Feuerstelle, ein paar schwärzliche Geräte und auf-
gerollte Decken. Die Behausung des Nomaden, ohne Mühe
abzubrechen und zu transportieren, bietet keinerlei Bequemlichkeit. Am Boden liegen noch die Reste der letzten
Mahlzeit, das, was die Hunde übrig ließen. Alles starrt
vor Schmutz.

Der Häuptling ist nicht reicher als seine Untertanen; jeder lebt von den Erträgnissen des Fischfangs und der Jagd,
immer von der Hand in den Mund. Man kennt weder Eigentum noch Sparsamkeit. Die wildlebenden Indianer mit ihrer imponierenden Freiheit sind in Wahrheit ständig vom
drohenden Hunger gejagt. Sie haben kein Gemüse, kein
Getreide, kein Brot; sie leben nur von Wild und Fischen.
Salz ist eine Seltenheit, bei manchen Stämmen ist es gänzlich unbekannt; Ahornzucker gilt als höchste Leckerei.

Der immer wechselnde Wohnort der Indianer wird bestimmt durch die Jagdmöglichkeiten; einmal ziehen sie
dorthin, wo sie Büffel jagen können, dann folgen sie einem
Entenschwarm; ein anderes Mal lassen sie sich dort nieder,
wo die Rentierherden durchziehen; im Herbst fangen sie
große Mengen Fische. Ist Wild in Fülle da, so sind sie reich;
bleiben die Rentierherden aus, dann verfällt der Stamm
dem Hunger. So schweifen die Indianer, ständig Nahrung
suchend, auf der Spur des Wildes unstet durch das Land.

Wir nehmen teil am Mahl des Häuptlings und der Vor-
nehmen des Stammes. Die Frauen haben ein Festmenü
zusammengestellt: getrocknete Büffelzungen, eine Bären-
schulter und einen halben Biber. Im Kreise um das Feuer
sitzend, hauen alle tüchtig ein, die abgenagten Knochen
wirft man über die Schulter nach hinten, wo sich dann die
Frauen darum streiten.

Als das Mahl beendet ist, kommt einer von den anderen

Indianern zu mir. Ob das Bleichgesicht sein Kind gesund machen könne? Das Kind hat Krämpfe. Der Zauberer versucht vergeblich, die bösen Geister auszutreiben, zu diesem Zweck vollführt er einen Höllenlärm und füllt das ganze Zelt mit Rauch. Das einzig sichtbare Ergebnis besteht darin, daß die gereizten Geister das Kind noch schlimmer schütteln. Armer kleiner Wurm! Seine Mutter hatte draußen einen Hasen suchen müssen, den ihr Mann geschossen hatte. Dabei hatte sie den Kleinen mitgenommen, in der Kiepe, die als Wiege dient. Sie ist lange auf der Prärie umhergeirrt, und das Kind hat einen Sonnenstich bekommen. Es wird nun daran sterben, meine Bemühungen kommen zu spät.

An einer von den Wigwamstangen hängt der moosgefüllte Ledersack, der das Letztgeborene beherbergt.

»Hast du noch andere Kinder?«

»Die beiden ältesten streifen um das Häuptlingszelt, sie hoffen, einen Knochen zu ergattern. Fünf sind schon tot. Die Windegoos haben sie erwürgt.«

Arme Mutter — nicht die Geister haben dir die Kinder weggenommen, es war der Schmutz in deinem Wigwam, das unregelmäßige Essen, der Hunger, die Unbilden des Wetters. Die Kindersterblichkeit in den Indianerwigwams ist erschreckend groß. Am Abend sagt Kahwonaby:

»Mir ist schwer ums Herz, Missionar. Ich sehe, wie unglücklich mein Volk ist, weil es fern von Gott lebt.«

Am anderen Tage setzen wir die Bootsfahrt fort. Ein unter Wasser treibender Baumstamm schlitzt die Rinde unseres Kanus auf, der Riß ist ziemlich groß, das Boot beginnt sofort zu sinken, und wir sind mitten auf dem Fluß. Mit Mühe erreichen wir das weit entfernte Ufer, es gelingt nur dadurch, daß wir schwimmen und dabei das halb gesunkene

Kanu allmählich bis ans Land bugsieren. Es ist schwierig, nun ein Feuer anzumachen. Das Kanu wird aufs Trockene gezogen und dann umgedreht. Wird es uns gelingen, den aufgeschlitzten Bug zu reparieren? Kahwonaby tränkt ein Stück Stoff mit geschmolzenem Pech und pappt den Lappen auf den Riß.

Die Stelle wird mit Wurzeln vernäht und mit Pech gedichtet.

Das Schlimmste ist, daß unsere Eßvorräte teils versunken, teils durchnäßt sind. Bis wir uns neuen Proviant beschaffen können, werden wir den Gürtel enger schnallen müssen. Ich wundere mich, daß an den nächsten Tagen meine Portionen sich nicht verringert haben, und merke dann, daß die Gefährten hungern, damit für mich mehr übrig bleibt; und dabei sind sie es, die den größten Teil der Ruderarbeit leisten.

Die Arbeit überlass der Frau!

Dieses Dorf sieht besonders ärmlich aus, noch mehr als die andern. Keiner hat genug zu essen, die Jagd ist schlecht gewesen. Die Männer sind entmutigt, müde; vergeblich haben sie die Wälder durchstreift auf der Suche nach Jagdwild. Sie tun mir leid, ich übermittle ihnen die Aufforderung Jesu: »Kommt zu mir, die ihr müde und beladen seid.«

Die Jäger empören sich und protestieren:

»Den Squaws, unseren Frauen, kannst du solche Reden halten; die geht es an, nicht uns; sie sind müde, denn das Arbeiten ist ihre Sache.«

Die Männer ziehen sich in kleine Gruppen zurück und begeben sich zum Fluß, um ihre Pfeifen zu rauchen. Die Frauen laufen geschäftig hin und her. Die eine schleppt Wasser, eine andere Brennholz für den Wigwam; einige bearbeiten Felle für Kleider, wieder andere nähen Mocassins.

Die Männer, selber untätig, beaufsichtigen die Frauen, machen viel Geschrei und kritisieren, aber keinem kommt es in den Sinn, selber anzupacken. Häusliche Arbeit jeder Art verachten sie aufs tiefste. Auf Fahrt sind sie von bewundernswerter Ausdauer und ertragen ohne Klage Strapazen und Entbehrungen, aber nie lassen sie sich dazu herab, im Dorf auch nur die kleinste Arbeit zu verrichten. Das, sagen sie, ist Weibersache. Sie, die Frauen, müssen, wenn der Stamm auf Fahrt ist, die Zelte zusammenlegen, transportieren, wieder aufrichten; ihre Sache ist es, für alles zu sorgen, was das Leben im Wigwam erfordert.

Ein Jäger kommt ins Dorf zurück. Er hat im Wald einen Hirsch erlegt. Die Nachricht löst bei den Ausgehungerten große Freude aus, aber das erlegte Wild ist nicht da; der Mann hat es nicht hertragen wollen, trotz seines knurrenden Magens. Er ruft seine Frau, die gerade Holz spaltet:

»Geh in den Wald, meiner Spur nach, Hundeweib, und hol den Hirsch. Los, beeil dich, ich bin hungrig.«

Er wirft mit einem Stock nach ihr, um ihren Aufbruch zu beschleunigen. Nach zwei Stunden kommt die Frau erschöpft zurück; die schwere Last trägt sie auf dem Rücken und hält sie mit einem Riemen, der über ihre Stirn gelegt ist. Trotz ihrer Erschöpfung macht sie sich sofort daran, die Beute zu zerlegen und zu kochen. Ihr Mann lädt großzügig zum Essen ein; die Herren tun sich gütlich, während sie, die Arme, im Hintergrund auf ein paar Überreste lauert und auch um diese sich noch mit den Hunden balgen muß.

Die Frau beklagt sich nicht über ihr Los; sie schätzt sich glücklich, daß sie arbeiten kann. Sie hat oft gesehen, daß Frauen mißhandelt oder zu Tode geschlagen wurden, weil sie zu alt oder schwach geworden waren; wenn sie sich nicht mehr nützlich machen können, will der Mann oder Sohn sie nicht mehr ernähren müssen. Daß eine Frau mit Güte oder Freundlichkeit behandelt werden könne, das übersteigt das Vorstellungsvermögen sowohl der Indianerin selber als auch die ihres Mannes.

Da Kahwonaby sich die Hand verletzt hat, habe ich mit einem Indianer einen Handel abgeschlossen: eine Woche soll er uns das Brennholz liefern. Darauf holt er seine Frau und überträgt die ganze Arbeit ihr. Während sie das Brennholz sägt und spaltet, setzt der Gatte sich auf einen Baumstamm und raucht seelenruhig seine Pfeife. Doch dann regt er sich noch auf und schreit sie an:

»Mach doch voran, mir ist kalt hier!«

Kahwonaby hört es. Diesmal gerät der sanfte Steuermann in Harnisch und jagt den faulen Hund davon. Trotz seiner Verletzung greift er selbst zum Beil. Ein Indianer kommt vorüber.

»Was tust denn du da?« fragt er. »Laß doch deine Frau die Arbeit machen!«

Kahwonaby gibt ihm keine Antwort, mit kräftigen Hieben spaltet er die Scheite.

Abends sagt er: »Herr, mein Volk macht sich unglücklich, weil es die Liebe Jesu nicht erkennt.« Er schweigt, denkt nach und fügt schließlich hinzu:

»Missionar, mein Herz ist schwer, denn auch ich bin früher hart und schlecht zu meinen Angehörigen gewesen.

Glaubst du, daß Gott mir das verzeihen kann?« Beim Auf-
stehen am nächsten Morgen ist Kahwonaby wieder fröhlich:

»Die ganze Nacht habe ich geweint und gebetet. Jetzt
bin ich ganz erleichtert. Ich wünschte, alle Indianer erkenn-
ten Gottes Liebe, damit sie alle glücklich würden.«

HUNGRIGE VÖGEL

An diesem ersten Sonntag im September ruhen wir uns
aus; im trockenen Gras am Ufer liegend, sehen wir durch
die Zweige dem Spiel der zarten Wellen zu. Der Winter
naht. Das Laub der Büsche wird schon gelb, und auf dem
Wasser schwimmen abgefallene Blätter. Etwas abseits von
den anderen plaudere ich mit Kahwonaby.

»Missionar, hast du Vertrauen zu Budd?«

»Warum?«

»Er möchte gerne lernen, wie man eine Bootsgruppe
führt.«

»Hat er denn genug Erfahrung?«

»Ich erkläre ihm, was er machen muß, er begreift sehr
rasch. Er führt das zweite Boot.«

»Gut, er soll es lernen.«

»Missionar, ich glaube, es würde ihn sehr freuen, diese
Woche das Kanu, in dem du bist, zu steuern; erlaubst du,
daß ich ihn für ein paar Tage meine Stelle übernehmen
lasse? Es wird ihn sicherlich ermutigen, wenn du Vertrau-
en zu ihm hast.«

Abgemacht, Budd wird diese Woche mein Kanu lenken;
ich freue mich darauf, dem schön gewachsenen, kräftigen
Burschen zuzusehen.

Dienstag. — Budd führt unsere kleine Flotte gut. Er ist sehr stolz auf seine neue Würde. Vielleicht sollte er dies vor seinen Ruderern nicht ganz so offen zeigen. Er bemüht sich, mich zufrieden zu stellen, sowohl durch Liebenswürdigkeit als auch durch Tüchtigkeit. Auch hier kann ich wieder feststellen, daß man einen Indianer durch nichts so berühren kann, als wenn man ihm Vertrauen zeigt. Durch Gewalt hat bisher noch keiner etwas erreicht bei dieser stolzen Rasse. Verfolgung macht sie zu heldenhaften Märtyrern, aber nie zu Sklaven. Sobald man sich dagegen ihnen anvertraut, sind sie treu und zuverlässig und scheuen keine noch so große Mühe.

Donnerstag. — Wir fahren den Fluß hinab und nähern uns seinen schönsten und gewaltigsten Wasserfällen, den »Silbernen Kaskaden«. Der Name rührt daher, daß sie vor lauter Schaum völlig weiß aussehen, wenn man von unten den Fluß hinaufkommt, auch aus der Entfernung. An den Wasserfällen ist der Fluß über dreihundert Meter breit, und nichts, was von der Strömung mit hineingerissen wird, kommt lebend heraus.

Unsere zwei Kanus sind mit je sechs Mann besetzt. Als wir in die Nähe der Landestelle kommen, oberhalb der Wasserfälle, sind meine Ruderer beim Steuern unbegreiflich leichtsinnig. Sie lassen unser Boot in die Strömung geraten, die es vom Land entfernt; wir werden mit großer Geschwindigkeit auf die Wirbel zugetrieben. Endlich erkennen die Männer die Gefahr, und rudern nun mit aller Kraft, um den Hafen zu erreichen und dem sicheren Tode in der Tiefe zu entgehen. Auch ich greife mir ein Ruder und setze alle Kräfte ein. Es ist ein erbittertes Ringen. Wird uns der Abgrund, der schon in nächster Nähe ist, verschlingen? Unser schwerbeladenes Boot gehorcht dem Steuerruder nicht und wird abgetrieben. Aber dennoch, unter Aufbietung aller unserer Kräfte, rücken wir ganz langsam vorwärts, Zoll um Zoll. Nur fünf Meter trennen uns noch von der Landestelle, aber gerade dieses kleine Stück sind wir zu weit unterhalb! Die Männer des anderen Kanus sehen vom Ufer zu, voller Schrecken, aber außerstande, uns irgendwie zu helfen, sie können uns nur anfeuern:

»Ziehen! Ziehen!«

Und schließlich berührt die Spitze des Kanus das heiß ersehnte Ziel — wir sind gerettet!

Als die anderen Ruderer uns endlich auf das sichere Ufer steigen sehen, beginnen sie zu lachen; wir seien kreidebleich gewesen, sagen sie; und dieses Abenteuer werde uns wohl lehren, das nächste Mal beizeiten auf die Landestelle loszusteuern. Von Herzen zu lachen, wenn die Gefahr überstanden ist, liegt in der Natur der Indianer. Meinen Ruderern allerdings ist das Lachen vergangen, sie haben zuviel Angst ausgestanden. Auch ich brauche mehr als eine halbe Stunde, um mich von meinem Schrecken zu erholen und meine Nerven wieder zu beruhigen. Wären wir nur einen einzigen Meter weiter abgetrieben worden, dann hätten wir die Landestelle nicht erreicht; wir wären von der immer reißenderen Strömung in den Wasserfall hineingesogen worden, und nie mehr hätte man auch nur die kleinste Spur von uns gefunden.

Um uns zu erholen, setzen wir uns hin und essen. Budd ist tief gekränkt, die anderen haben ein paar Witze über ihn gemacht, und er schämt sich, weil er mich so in Gefahr gebracht hat. Er sitzt allein und erwartet den Beschluß, der ihm zeigen wird, daß er mein Vertrauen verloren hat. Kahwonaby hat geschwiegen, kein Wort des Tadels oder Vorwurfs ist aus seinem Mund gekommen; jetzt steht er auf, geht hin zu Budd und bringt ihm selber einen Fisch; Budd nimmt ihn in Empfang wie ein geschlagener Hund.

Auf einem schlechten Tragpfad werden wir den Katarakt umgehen; jeder lädt sich seine Last auf, ob Kanu oder Gepäckstück. Kahwonaby läßt die Ruderer vorausgehen und wartet auf mich.

»Missionar, verzeihst du mir, daß ich dich von Budd habe steuern lassen?«

»Sprechen wir nicht mehr davon, mein Freund.«

»Herr, wärest du wohl einverstanden auch weiterhin mit Budd zu fahren? Er ist schon so betrübt, dein Vertrauen würde ihm wieder etwas Mut geben. Du brauchst jetzt nichts mehr zu befürchten unter seiner Steuerung; er hat eine ordentliche Lehre bekommen, er wird jetzt sehr vorsichtig sein. Es würde mir sehr schwer fallen, heute wieder seine Stelle einzunehmen.

»Kahwonaby, ich verstehe dich!«

Treuer Kahwonaby! Budd ist sein Schüler, morgen wird der junge Bursche vielleicht schon sein Rivale sein; er will ihn nicht entmutigen.

Unterhalb der »Silbernen Kaskaden« steigen wir wieder in die Boote. Budd zögert, er wagt nicht, sich wieder an die Spitze zu setzen. Kahwonaby fordert ihn auf:

»Fahr schon voraus, ich muß die Ballen hier noch besser festbinden.« An diesem wie auch an den nächsten Tagen findet Kahwonaby regelmäßig einen Vorwand, nicht an der Spitze zu fahren.

Durch die Regenfälle Anfang September kühlt die Luft sich plötzlich ab. Eine schleichende Unruhe, eine unversehene Traurigkeit ergreift uns: der Winter ist nahe! Von Windstößen verfolgt, fahren wir den mächtigen Saskatchewan hinunter; rings in Nebel eingehüllt erkennen wir nur undeutlich die Ufer mit den gelb gewordenen Wäldern. Der zähe, monotone Wind reißt immer neue Blätter von den Bäumen und treibt sie auf den Fluß hinaus wie große Vogelschwärme.

Das Fahren in dem kalten Regen entmutigt uns. Im Nu sind wir bis auf die Haut durchnäßt; das Wasser rieselt über unsere frierenden Leiber. Gegen starke Stürme anzukämpfen, macht mir Freude; aber wenn ich einen pausenlosen Regen über mich ergehen lassen muß, tatenlos, in einem engen Boot, in dem man sich nicht rühren kann, dann sinkt mein Herz in sich zusammen.

Trübsal lagert auf dem Fluß, ein großes, graues Schweigen. Kein Vogelsang dringt aus den Uferwäldern zu uns. Ölig, bleiern strömt der Fluß dahin, von Nebel überhangen, die schweren Regengüsse hämmern auf das Wasser. Die Feuchtigkeit durchtränkt das ganze Leben, löscht es aus. Wie Schatten gleiten wir durch eine Landschaft, die im Nebel stirbt.

Ich bin schlaff und müde, ich kann mir nicht mehr verhehlen, daß auch diese Reise mich enttäuscht hat. Seit vier Monaten befahren wir die Seen und Flüsse, vieles war großartig und aufregend. Wir haben prächtige Indianer gesehen, wir sind wunderbaren Ruderern begegnet; ungezählte Wigwams haben wir besucht im Schoß der großen Wälder. Wieviel stolze Kraft liegt im freien Leben dieser Rothäute! Aber in den Wigwams — welche Trübsal; wieviel verborgene Not in diesen Heidenseelen! Gewalttätigkeit und Herzenshärte töten überall die Lebensfreude. Die Männer verachten die Frau und erniedrigen sich dadurch selber; die Frauen, behandelt wie die Hunde, sind jeder Würde beraubt. Ein bedauernswertes Volk. Im Äußeren so kühn und imponierend, aber innerlich erdrückt von den heidnischen Ängsten. Die Bosheit des Herzens untergräbt sein Glück. Die Enttäuschung folgt mir nach — nirgend habe ich es wiedergefunden, das Bild des Indianers, das sich mir in meiner Jugend eingeprägt hat: edel und großherzig, rein von Gemüt und voll unverdorbener Kraft und Schönheit. Werde ich das Bild je wiedersehen?

Wir steuern auf das Ufer zu, wir möchten gerne landen. Zwei schwarze Tannen tauchen aus dem Nebel auf, dazwischen ein Grab. Auf dem Hügel stehen Rindenzeichnungen, sie stellen Hunde dar mit großen, unheimlichen Fangzähnen.

»Hier wollen wir nicht halt machen«, sagt Kahwonaby.

Wir fahren wieder auf den Fluß hinaus. Das grünlichgraue Wasser gleitet trüb dahin, glanzlos, ohne jeden Widerschein von Sonnenlicht.

Gegen Abend sickert durch den Nebel etwas Helligkeit. Das Wasser kräuselt sich zu kleinen, heiteren Wellen; von den nahen Hügeln rinnt ein Bach in plätschernden Kaskaden, und in den Fluten um uns spiegelt sich ein zarter Glanz — der Widerschein von Wolken, die in dem schrägen Licht des Sonnenuntergangs jetzt aufleuchten.

Vogelstimmen begrüßen die Schönheit des sinkenden Tages; auch in unseren Herzen singt eine neue Hoffnung.

Als die Dunkelheit hereinbricht, landen wir in einer Bucht. Ein alter Mann, angelockt durch das Geräusch der Ruder, erwartet uns am Strand; mit freundlicher Geste führt er uns zu seinem ärmlichen Wigwam, der sich bescheiden in den Schutz des kleinen Dickichts duckt. Eine alte Indianerin hockt vor einem spärlichen Feuer — in ihrem Alter ist das Holzschleppen eine Last. Ihr Mann hat sich am Ufer, als wir losgingen, einen Baumstamm auf die Schulter geladen, den die Strömung angetrieben hatte.

Die Freundlichkeit, mit der das alte Paar uns aufnimmt, ist rührend; ihre kärgliche Behausung atmet Frieden. Eine echte Zuneigung verbindet diese Ehegatten, der Mann ist rücksichtsvoll zu seiner Frau, er ist es, der das Feuer unterhält. Aber ihre gütigen Gesichter verraten eine große Müdigkeit; was bleibt den beiden auch zu hoffen am Ende eines Lebens, das der harte Daseinskampf in diesen Wäldern aufgebraucht hat?

Wir sprechen von Gott und vom Heiland, der gekommen ist, um denen wieder Freude zu bringen, die mühselig und beladen sind. Die beiden Alten hören zu, begierig; auf ihre Züge tritt ein lösendes, vertrauensvolles Lächeln:

»Seit so langem blicken wir zum Fluß, Tag für Tag, ob nicht einer kommt, der uns lehrt.«

Nun stellen sie uns unermüdlich Fragen; der Indianer, der immer weiter etwas wissen will, setzt uns heftig zu; seine Frau, bedächtiger und schüchterner, läßt sich die wesentlichen Worte wiederholen und prägt sie sich ins Herz. Sie möchte sich entschuldigen, daß ihr Mann und sie so unersättlich sind in ihrer Wißbegier:

»Wir sind wie hungrige Jungvögel im Nest, und ihr seid die Vogelmutter, die mit Futter kommt. Wir haben Hunger nach dem, was ihr uns bringt.«

Am nächsten Morgen, als der Fluß uns wieder weiter trägt, sagt Kahwonaby:

»Auch wir anderen alle haben Hunger nach dem Evangelium; willst du uns nicht Gottes Wort geben, daß wir es auch lesen können?«

DIE SPRECHENDE RINDE

DAS SILBENALPHABET

Mai 1841. —

»James, hast du meine Schüler gesehen?«

»Nein; sind sie nicht im Klassenzimmer?«

»Nicht ein einziger; das Dorf ist völlig ausgestorben.«

»Macht das Lernen ihnen keine Freude?«

»O doch. Die Vokale können sie schon alle, manche kennen sogar schon die meisten Konsonanten.«

Einer von den kleinen Burschen, ein hinkender, taucht auf.

»Kommst du heute ganz allein zur Schule?«

»Ja, weißt du nicht? Die Gänse ziehen!«

»Ja, und?«

»Alle sind doch losgezogen, sie wollen sehen, ob sie welche kriegen können.«

»Und kommen die anderen heute nachmittag zurück?«

»O nein! Morgen vielleicht, oder irgendwann.«

Juni 1841. —

»Tennag, komm, sieh dir Budds Kanu an!«

»Hast du gesehen, was er für schöne Rinden für das Boot des Missionars geholt hat?«

Unschlüssig stehen die Kinder vor dem Wigwam, der als Schule dient. Plötzlich rennen alle an den Fluß, angelockt von einer aufregenden Kunde:

»Kahwonaby füllt Wasser in sein Boot, er probiert es aus.«

Mit der Schule werden wir erst wieder anfangen können, wenn die Ruderer aufgebrochen sind.

Juli 1841. —

»Kommt mit, Kinder, schnell!« Schon stürmen meine Schüler nach draußen:

»Jagt den Kaninchen nach, dort auf den Hügeln.«

Die Männer sind nicht da; so machen sich die Frauen und die Kinder auf die Jagd nach den gemeldeten Kaninchen. Drei bis vier Tage wird das Dorf verlassen sein.

Oktober 1841. —

»James, unsere Kinder werden das Lesen nie lernen, sie sind ständig unterwegs. Als die Rudermannschaften zurück waren, hat das ganze Dorf sich mit dem Fischfang befaßt. Danach werden die Familien sich zerstreuen und Bären oder Blaufüchse oder Biber jagen. Nie werden die Indianer hier die Bibel lesen können, sie können noch nicht einmal das Alphabet!«

»Hast du etwa den Mut verloren, Maria?«

»Unser Alphabet verwirrt sie. Es entspricht nicht ihrer Sprache, es ist zu kompliziert.«

»Maria, du hast recht. Man brauchte eine Schreibweise, die einfacher ist, die man in wenigen Tagen erlernen könnte.«

Das Problem mit dem Alphabet macht mir Sorge. Wir müssen eine einfache Schreibweise haben. Die nomadischen Indianer machen immer nur sehr kurz in Norway House Rast. Und auf meinen Reisen möchte ich auch denen, die weitab wohnen, das Lesen beibringen. Was tun?

Das Alphabet macht mir ständig Kopfzerbrechen! Wenn das Lesen leicht und unmittelbar sein soll, müßte dann nicht jeder Buchstabe so ausgesprochen werden, wie er normalerweise lautet? Wenn jedes Zeichen immer einer ganzen Silbe entspräche, dann brauchte man beim Lesen diese Buchstaben nur auszusprechen und man hätte das Wort.

Wieviel Zeichen wären nötig? Gibt es nicht zu viele verschiedene Nuancen, Aspirationen, Klangformen? Wir müssen die typischen Silben einmal aufschreiben, wir müssen sehen, ob die Betonung wechselt, ob es lange und kurze Vokale gibt. Wieviel verschiedene Silben kommen bei den Indianern vor? Ich zähle sechsunddreißig. Mit sechsunddreißig Silben also, das heißt mit sechsunddreißig Zeichen, wird es mir gelingen, die Sprache zu schreiben!

»Aber James, dein Alphabet wird ja viel schwieriger zu lernen sein als unseres!«

»Das stimmt. Aber die Indianer werden es viel leichter lernen, denn jeder Buchstabe bedeutet eine Silbe ihrer Sprache. Und dann, Maria, wenn sie bloß das Alphabet kennen, können sie sofort lesen!«

Nachdem ich die sechsunddreißig Silben festgestellt habe, nehme ich für jede ein geeignetes Zeichen; das sind nun meine sechsunddreißig Silbenbuchstaben. Ich bringe sie in eine rhythmische Reihenfolge, damit sie leichter zu behalten sind. Ein großer Jubel erfüllt mich: ich habe eine Schrift, die leicht zu lehren ist!

Aber nun muß ich sie erproben. Ich übe mich, indem ich die Gespräche der Indianer mitschreibe; es geht ohne große Schwierigkeit, meine Buchstaben geben tatsächlich die Silbenlaute wieder. Jetzt mache ich mich daran, die Evangelien zu übersetzen; bald werden die Indianer die Bibel lesen können!

Meine Experimente mit dem Alphabet haben mich bis zum Winter in Anspruch genommen. Die ersten Schlitten ziehen ihre Spuren auf den weißbeschneiten Flächen, da erscheint in Norway House ein seltsamer Besuch. Zwischen den Häusern des Dorfes kreuzt ein wackeliger Schlitten auf, davor vier knochendürre Hunde. Auf dem Schlitten hockt ein altes Ehepaar in abgeschabten Pelzen. Die beiden sehen elend und verhungert aus. Sie machen halt vor einem heidnischen Wigwam, lassen sich Schnaps geben, trinken sich einen Rausch an und starten dann zu einem Rundgang durch die Hütten der Christen. Sie besichtigen jede Einzelheit: die neuen Behausungen aus Zedernbalken, die Kamine, die den Rauch zum Dach leiten, vor allem auch die hübschen Fenster mit den erstaunlichen, durchsichtigen Scheiben.

Die Neugier des Landstreicherpaares beunruhigt mich. Alle machen ihnen Platz und grüßen sie mit Ehrerbietung. Wer sind die beiden?

»Missionar, das ist Oozhuskah, der Zauberer, und seine Frau. In seinem Wald hat er von dem schönen Dorf gehört, das die christlichen Indianer sich gebaut haben. Jetzt ist er hergekommen, um zu sehen, ob die Wundermärchen wahr sind.«

Am folgenden Sonntag kommt Oozhuskah in unseren Gottesdienst. Aufmerksam hört er die Worte des Großen Geistes, der seinen Anbetern wundervolle Holzhäuser gibt. Am nächsten Tag begegne ich dem Zauberer und will eine Unterhaltung mit ihm anfangen, aber er wie seine Frau sind betrunken. Kurz darauf ist das sonderbare Paar verschwunden.

Januar 1842. —

»Welches Wunder, James, dein Alphabet! Die Schüler lernen spielend, kaum kennen sie ein paar Zeichen und schon schreiben sie Worte. Ich lasse sie schon Bibelverse abschreiben; sie können sie mühelos lesen und lernen sie auswendig. Könnten wir nicht ein Lesebuch machen?«

»Das wünsche ich mir auch, Maria. Aber wie sollen wir es drucken? Ich habe doch kein Papier, keine Druckerschwärze, keine Presse und vor allem keine Typen!«

»Könntest du nicht wenigstens ein ganz kleines Bändchen machen?«

»Maria, mir fehlt doch alles, was man dazu braucht, aber warte ab, ich werde es versuchen.«

Zum Buchstabenschneiden ist die Möglichkeit gegeben. Aus Eichenholz stelle ich eine Reihe glattpolierter kleiner Würfel her, aus ihnen arbeite ich mit einem Taschenmesser die sechsunddreißig Buchstaben heraus, erhaben. Das Ganze ist nur eine Frage der Genauigkeit und der Geduld.

10. Februar. — Ich versuche, mit meinen Eichenlettern Gußformen herzustellen, aber es gelingt mir nicht. Alle Stoffe, die ich ausprobiere — Schlamm, Kreide, Sand, Zement — ergeben kein befriedigendes Resultat. Budd behauptet zu wissen, wo wir Tonerde finden könnten. Wir unternehmen eine dreitägige Forschungsfahrt, wühlen unter tiefem Schnee und bringen voller Hoffnung eine Ladung Ton mit. Und tatsächlich, die Gußformen gelingen. Nun aber kommen erst die eigentlichen Schwierigkeiten: in diesen Formen müssen wir die Lettern gießen. Das nötige Metall liefert uns die dünne Bleiauflage unserer Teebüchsen.

12. März. — Seit vierzehn Tagen probiere ich den Guß von Druckertypen; sämtliche Versuche schlagen fehl. Ich besitze nicht das richtige Metall. Das einzige, was ich erreiche, ist das Zerbrechen meiner Formen.

25. März. — Um das Blei mehr zu härten, schmelze ich es mehrmals. Ich umgebe die Gußformen mit glattgefeilten Eisenstäben und gieße das Blei wiederum hinein. Und diesmal erhalte ich eine Reihe von brauchbaren Lettern. Die Ausdauer hat sich gelohnt!

23. April. — Nach vielem weiteren Verdruß liegt endlich ein kompletter Satz von Typen vor mir. Nur noch eine kleine Säuberung mit der Feile, und dann kann ich endlich einen Text setzen!

Und nun geht es an den Bau einer Druckerpresse! Eine Eisenstange dient als Hebel. Die Druckerschwärze fabriziere ich aus Ruß und Störtran, als Papier nehme ich dünne weiße Birkenrinde.

Es ist ein großer Tag; alles ist bereit. Ich drücke auf den Hebel der Presse und überreiche dann der staunenden Maria ein Stück Rinde, darauf steht in deutlich leserlicher Schrift: »Gott ist Liebe.« Wir weinen vor Freude: Gottes Wort können wir nun in der Sprache der Indianer drucken.

12. Mai. — Heute ist Oozhuskah wieder aufgetaucht im Dorf. Er und seine Frau Mekagase sind erbärmlich mager, der Winter war schlecht. Ihre Jagdzüge haben sie allein gemacht und ihren Wigwam in den dicksten Wald gesetzt.

Dann ist Mekagase krank geworden. Weder die Beschwörungen noch die Zaubermittel ihres Ehemannes vermochten sie gesund zu machen. Der Tod nahte, sie bekam es mit der Angst zu tun. Da fielen ihr die Worte des Großen Geistes ein, die sie hier gehört hatte. Sie begann zu beten, sie bat ihn um Verzeihung für alle ihre Schlechtigkeiten. Der Große Geist erhörte sie; er gab ihr Frieden, dann Genesung. Voller Freude sprach sie ihrem Mann von Gott; der Zauberer verwunderte sich über diese Macht des Geistes, der seiner Frau ein neues Herz gab, wie er den Christen neue Häuser schenkte.

Oozhuskah möchte nun noch mehr über den Großen Geist erfahren, deshalb ist er hergekommen. Er nimmt am Gottesdienst teil, hört zu, wie wir von der Schule sprechen. Ich zeige ihm die ersten bedruckten Rindenstücke und lese ihm die Worte des Großen Geistes vor. Er ist von Staunen überwältigt. Am nächsten Tag erscheint er in der Schule, er will lesen lernen.

Unter den Erwachsenen gibt es viele, die von den Worten auf den Rinden angerührt wurden und nun in den Unterricht kommen. Es ist eine Zeit der Begeisterung. Schüler aller Altersstufen strömen herbei, sogar Greise. Ich werde wieder Lehrer. Welche Freude, die Gesichter aufblühen zu sehen, wenn es gelingt, die ersten Worte zu lesen! Und es ist so wunderbar einfach. Zu lernen braucht man nur das Alphabet. Man braucht nicht mühevoll zu buchstabieren, es gibt kein b—a — ba, buchstabieren und lesen sind eins; keine Probleme der Rechtschreibung, keine Diktatübungen. Wenige Stunden der Aufmerksamkeit genügen, und auch der ungebildetste Indianer kann die ersten Birkenrinden lesen. Das Staunen ist allerseits groß.

Am Ende der Woche fährt Oozhuskah wieder ab. Die Worte des Geistes haben ihn angerührt, er ist Christ.

Die christlichen Indianer verlangen jetzt mit Ungeduld danach, selber gedruckte Worte zu besitzen. Die Frauen bringen ganze Stöße schöner Birkenrinden, weiß und sauber. Wenn dann die Rindenstücke aus der Presse kommen, bedruckt mit den schönsten Texten aus der Bibel, ist die Freude der Indianer überschwenglich. Jedermann will Rinden haben, jeder sammelt sie; je zwölf Blätter werden aufeinander gelegt, zusammengenäht und in ein Stück Hirschleder geheftet. So entstehen die ersten Bücher in der Criesprache. Wir nennen sie Bibeln, obwohl es nur Bruchteile sind. Aber trotz ihrer Spärlichkeit sind sie Träger des Wortes.

OOZHUSKAH

»Ayumeavookemou, gib uns sprechende Rinden!« Zwanzigmal am Tag höre ich diese Bitte aus dem Munde der in Norway House durchkommenden Bootsleute. Sie nennen einen Missionar Ayumeavookemou, das heißt »Meister des Gebets«; sie glauben seinen Gebeten, weil der »Meister des Gebets« die Rinden verteilt, die vom Großen Geist erzählen.

Bis in die entferntesten Winkel des Landes verbreitet sich die Kunde, daß es Rinden gibt, die sprechen. In Scharen kommen die Indianer nach Norway House, um zu lernen. Wir müssen die Klassen vermehren, glücklicherweise fehlt es nicht an Lehrern; sobald sie lesen können, sind die Christen sehr begierig, die Neuankommenden zu unterrichten.

Ich fahre mit der Bibelübersetzung fort, sie bereitet viele Schwierigkeiten. Wie soll man manche Worte des Heilands erklären für Indianer, die nie Gemüse oder Korn gesät haben? Sie wissen ja noch nicht einmal was Brot ist. Das Wort im Vaterunser: »Unser täglich Brot gib uns heute, übertrage ich mit *Mayenan anoock kake seekak kooche pe ma teseyak*, das bedeutet: »Gib uns heute etwas, wovon wir leben können.«

Im November 1842 kommt Oozhukah eines Tages wieder. Während des ganzen Sommers ist er ein treuer und nüchterner Christ geblieben; er erbittet eine Rindenbibel.

»Ich will die Worte des Großen Geistes diesen Winter in den Lagern weitersagen.«

Oozhuskah durcheilt die verschneiten Ebenen und sucht die Wigwams der Jäger auf. An Tagen mit Schneesturm zeigt er seinen Rassebrüdern die geheimnisvollen sprechenden Rinden. Dann kratzt er die Buchstaben in die Erde des Zeltbodens oder in den harten Schnee und bringt den anderen das Lesen bei. Abends am Lagerfeuer liest er die Texte auf den Rindenstücken vor und erklärt sie. Die Worte, die die Hörer besonders berührt haben, schreibt er ihnen mit einer groben Feder auf Rinden oder er malt sie mit einer Holzkohle aus dem Feuer auf ein Stück Leder.

Dann zieht er wieder weiter, sucht andere Heiden, geht von Wigwam zu Wigwam und zeigt die kostbaren Rinden. Er ruft auf der ganzen Prärie ein ungewöhnliches Staunen hervor. Die einen sind begeistert, andere entrüstet; die Zauberer und Geisterbeschwörer ärgern sich und schüchtern die Menschen ein und prophezeien furchtbares Unglück. Manche der Indianer, die besonders abergläubischen, bekommen solche Angst, daß sie die geheimnisvollen Rinden nicht zu berühren oder nicht einmal anzusehen wagen.

Im Frühjahr kehrt Oozhuskah voller Freude zurück:

»Ayumeavookemou, ich habe meinem Stamm die Rinden gebracht, ich habe meinen Angehörigen die Worte des Großen Geistes verkündet.«

Stolz schwenkt er seine abgenutzte Rindenbibel. Ich betrachte sie und erschrecke:

»Aber Oozhuskah, was ist das denn für ein heidnisches Zeichen, das auf das Leder des Einbandes gemalt ist?«

Daß seine Bibel als Kennzeichen ein indianisches Symbol trägt, empört mich. Sollte der Aberglaube den einstigen Zauberer wieder gepackt haben?

»Missionar, verzeihe mir! Ich nehme nichts zurück von dem, was ich Gott gegeben habe. Aber ich bleibe auch meinem Stamm treu; dieses Zeichen ist das Zeichen meines Stammes. Ist es nicht verständlich, daß ich die Worte des Geistes vor allem bei meinen Stammesbrüdern bekannt machen möchte? Deshalb habe ich unser Zeichen auf den Einband gesetzt.«

Gerührt beuge ich mich vor, um das heidnische Symbol näher zu betrachten; zu meiner Überraschung erkenne ich einen Fisch.

»Ja, Herr, ich bin ein Sohn des Störs.«

Es kommt mir wie ein Wunder vor, daß ich hier auf einer Rindenbibel das Zeichen der Urchristen wiederfinde, den Fisch.

DIE WOLFSHUNDE

AM BERATUNGSFEUER

Unser Missionshaus bevölkert sich. In dem Wunsch, ein rasches und ausdauerndes Gespann zu besitzen, habe ich mir neue Hunde kommen lassen, eine nicht alltägliche Rasse: echte Wolfshunde aus dem Hohen Norden; sie sehen rauh und grimmig aus wie die großen Nordlandswölfe. Die Tiere sind noch jung, aber sie werden bald zu kühnen Draufgängern werden. Ihre schon erwachende Wildheit beunruhigt mich ein wenig; ich denke aber, daß es mir gelingen wird, sie abzurichten. Die Indianer allerdings mahnen uns zur Vorsicht. Diese Tiere, sagen sie, ergeben starke, prächtige Gespanne, das Wölfische in ihrem Wesen aber werde immer bleiben.

Zum Ausgleich für die Wildheit der Hunde haben wir noch andere Gäste bei uns aufgenommen, sanftere: zwei Lämmer. Ich habe sie am Winnipegsee gekauft, als wir von unserer Sommerreise heimfuhren. Sie hierher zu schaffen in unseren Kanus aus Rinde, war keine leichte Sache. Eigentlich wollten wir sie einzeln transportieren, jedes für sich in einem Kanu, damit die Besorgnis geteilt wäre, aber sie brachten uns in Gefahr, weil sie aus dem Boot zu springen versuchten, um wieder zueinander zu kommen. Natürlich mußten wir dort, wo sie standen, einen kleinen Bretterboden machen, damit sie keine Löcher in die dünne Rinde traten. Unsere kleinen Reisegefährten waren sehr beunruhigt, daß sie über das Wasser hinwegfuhren, nicht nur mit dem Kopf aus den Fluten ragend, sondern auch mit dem Schwanz. Ihr Hin und Her machte an den ersten Tagen unsere gemeinsame Bootsfahrt recht mühsam. Aber dann gewöhnten sie sich bald an unsere Gegenwart, und wir uns an die ihre.

Das Eintreffen dieses Grundstockes einer Schafherde war für Eugenie eine große Freude. Sie machte sich sofort zur Betreuerin, und wie man sich denken kann, mangelte es ihren Schützlingen während des Winters an nichts. Um sie vor den immer auf Jagdbeute lauernden Hunden zu schützen, wurde der Schafstall mit einem starken, vier Meter hohen Palisadenzaun umgeben. So befinden sich die Schafe in Sicherheit, und Eugenie braucht nichts für sie zu fürchten.

In diesem Winter 1841/42 halten mich die Druckarbeiten in Norway House zurück, auch während des folgenden Sommers. Ich unternehme nur kurze und rasche Fahrten zu Stämmen, die nicht zu weit entfernt wohnen.

Aus dem Südwesten des Landes trifft eine Abordnung bei uns ein; ein Dorf erbittet meinen Besuch »in geschäftlichen Angelegenheiten«, heißt es. Diesem Ruf will ich gerne folgen; im Lenken meines neuen Gespanns bin ich jetzt geübt; der Weg ist nicht sehr weit und nicht schwierig zu finden; ich denke, daß ich Mustagan entbehren kann. So nehme ich nur Budd mit; er ist ein angenehmer Gefährte und geschickt im Abrichten der Hunde, besitzt aber nicht den Orientierungssinn eines richtigen Führers.

Meine schönen Wolfshunde legen die Spur, hinter mir folgt der andere Schlitten mit Budd, gezogen von vier unserer alten Eskimohunde. Als wir auf die ungeheure Eisfläche des Winnipegsees kommen, halten wir uns immer nah am Ufer, wir wollen uns nicht der Gefahr aussetzen, bei einem etwaigen Schneesturm in der Mitte des hundert Kilometer breiten Sees im Kreis zu fahren. Das Ufer ist buchtenreich und sehr gewunden. Jähe Felsenhalbinseln stoßen in den See vor und verbergen dahinterliegende, weit zurückspringende Buchten. Wir fahren in gerader Linie von der Spitze der einen Halbinsel zur anderen. Die Ausbuchtungen, die wir auf diese Weise abschneiden, sind mitunter zehn Kilometer tief und an die zwanzig Kilometer breit.

Gerade als wir in der Mitte zwischen zwei weit von einander entfernten Halbinseln sind, überfällt uns der Blizzard. Mit einem Schlage wirbeln Schneemassen hoch und verhindern jede Sicht. Der Wind umheult uns und peitscht uns die Graupeln ins Gesicht. Beunruhigt bin ich nicht, ich habe mir die Richtung gut gemerkt, und meine stämmigen Hunde können dem Unwetter stundenlang standhalten. Budd folgt mir mutig nach.

Aber die Stunden vergehen, und noch immer ist die Halbinsel im Schneegestöber nicht zu sehen. Zweifel steigen in uns auf, dann auch Angst; wir sind auf dem See in die Irre gefahren, womöglich stundenweit vom Ufer abgekommen. Es dämmert schon, die Kälte schüttelt uns, aber übernachten können wir hier keinesfalls: wir haben nichts an Brennholz bei uns. Noch bevor der Morgen graut, werden wir erfroren sein, wenn es uns nicht gelingt, uns ans Ufer in den Wald zu flüchten.

Aber wie gelangen wir dort hin? In welcher Richtung liegt es, das Ufer?

Wir halten an. Der Sturm tobt so laut, daß wir Mühe haben, uns überhaupt zu verständigen. Budd hat die Richtung genauso verloren wie ich. Hinter uns sind unsere Spuren sofort durch die Schneewogen ausgelöscht worden. Die Kälte und die stechenden Schneekristalle setzen uns grausam zu. Was sollen wir tun, um dem Tod zu entgehen, der sein weißes Leichentuch schon um uns schlägt?

Sollen wir uns auf den Instinkt der Hunde verlassen? Meine prächtigen Wolfshunde, zwar kühn und stark, können uns nicht aus der Not helfen, sie laufen unschlüssig im Zickzack. Aber Budd hat in seinem Gespann den tüchtigen Koona, dessen Intelligenz uns schon oft so erstaunt hat. Budd hat ihn nicht an die Spitze gesetzt, denn der Stärkste ist er nicht; aber wir kennen seinen überraschend sicheren Instinkt; Koona vermag sogar Fährten zu verfolgen, die tief unter dem Schnee begraben sind, besser als alle anderen Hunde. Setzen wir also Koona an die Spitze, in seinem Instinkt liegt unsere letzte Hoffnung.

Budd gibt das Startzeichen. Der zum Leittier aufgerückte Koona zögert, er sieht verwundert die wartenden Wolfshunde an; was ist los? Dann begreift er: er wird gebraucht! Er reckt den Schwanz hoch, sichtlich stolz, und geht los. Nach einigen Schritten bleibt er stehen, er blickt zurück, als frage er, welche Richtung er einschlagen solle. Budd gibt ihm bloß das Zeichen zum Weitergehen. Mutig setzt sich Koona wieder in Bewegung. Er begreift, daß er die Führung übernehmen soll; seine Kameraden ziehen kräftig. Mein Schlitten folgt.

Von Koona geführt, stoßen wir von neuem in das Schneegestöber vor. Weiß er, wohin er geht? Folgt er einer festen Richtung? Können wir hoffen, das Ufer zu erreichen, oder werden wir wie Blinde umherirren, bis die Erschöpfung und die Kälte uns zu Boden strecken? Wir haben keine Möglichkeit, es festzustellen. Wir können nur auf Koonas Nase trauen; wenn er sich irrt, sind wir verloren.

Die Nacht ist hereingebrochen, der Wirbelwind setzt uns immer heftiger zu. Seit Stunden kämpfen sich die Hunde ohne Unterbrechung vorwärts. Wir hasten durch die Finsternis und wissen nicht, ob unsere tolle Fahrt zu einem Ziel führt. Die Besorgnis durchdringt uns genauso wie die Kälte. Je weiter die Nacht fortschreitet, desto mehr schwindet unsere Hoffnung.

Jetzt scheint es uns, als wenn das Tosen des Sturmes noch zunähme; die Windstöße sind von pfeifenden Geräuschen begleitet, von einem orgelartigen Brausen. Sollte dies ein Zeichen sein, daß sie auf Widerstände prallen, daß das Rauschen von den Fichten eines nahen Waldes kommt? Die Hunde traben freudiger, wir verspüren plötzlich kleine

Stöße; der Boden wird uneben, wir müssen in unmittelbarer Ufernähe sein. Nun steigt die Fahrbahn spürbar an. Im Dunkeln streifen wir an Zweigen vorbei, und dann kommen wir mit einemmal zum Halten und stehen vor einem Lagerfeuer. Der tüchtige Koona! Seine Intelligenz hat uns gerettet.

Unsere Freude über das Wiedersehen mit menschlichen Wesen währt jedoch nicht lange. Nach den Gefahren des Verlassenseins kommen die Mißlichkeiten des Zusammenseins.

Die Indianer, in deren Mitte wir wie Schiffbrüchige hineingeplatzt sind, freuen sich über diesen unerwarteten Besuch. Mit unzweideutiger Neugier besehen sie unser Gepäck. Es bleibt uns nichts übrig, als sie zu bewirten. Ihr Appetit gibt dem Sturm an Heftigkeit nichts nach. Nur mit Mühe retten wir aus dieser neuen Katastrophe soviel Proviant, wie wir unbedingt zur Weiterfahrt benötigen.

Aber ach, das Schlimmste kommt erst. Die Hunde sind noch raffgieriger als ihre Herren. Kaum haben wir uns eingepackt zum Schlafen, da begeben sich die garstigen Räuber auf die Jagd nach Fressen. Vorsorglicherweise haben wir die Schlitten hochgestellt und die Geschirre und alles Lederne, was den Gaumen eines Hundes reizen könnte, so hoch wie möglich daran festgemacht. Die kostbarsten Dinge benutzen wir als Kopfkissen; Budd liegt auf einem Sack gefrorener Fische, ich selbst auf einem Beutel, der unseren Rest an Fleisch und etwas Schiffszwieback enthält. Schnuppernd, Beute witternd, streichen die Hunde zwischen uns umher; wir hören, wie sie genießerisch das Kochgeschirr auslecken, das wir am Feuer haben stehen lassen, dann balgen sie sich um einen Lederriemen. Nachdem sie im Lager Ordnung geschaffen, nämlich alles Herumliegende aufgefressen haben, stellen sie sich im Kreis um unsere Köpfe. Wir treiben sie mit Knüppeln fort, aber hartnäckig, von ihrer Freßgier getrieben, kommen sie zurück. Wir verteidigen geduldig unsere letzten Reserven; doch die Strapazen dieses Tages sind zu groß gewesen, und wir dösen schließlich ein. Die Räuber benutzen die Gelegenheit, steigen über unsere Leiber, reißen rücksichtslos die Säcke auf und verschlingen unseren Proviant bis zum letzten Krümel.

Am nächsten Morgen bleibt uns nichts übrig, als so rasch wie möglich nach Norway House zurückzufahren; ohne Lebensmittel unsere Reise fortzusetzen, ist unmöglich. Die Indianer, unsere zweifelhaften Freunde, haben jetzt, wo unsere Schlitten leer sind, keinerlei Interesse mehr, weder für uns selbst noch für unsere Botschaft. Unter den spöttischen Blicken der nun endlich gesättigten vierbeinigen Räuber machen wir uns hungrig aus dem Staub. Mit Hilfe von Tee und einigen Fischen, die wir in einem befreundeten Indianerdorf erhalten, gelingt es uns, das Zwacken des Hungers auf dieser Heimfahrt zu überstehen.

Bald darauf starte ich von neuem, aber diesmal unter Mustagans Führung. Dank seiner Tüchtigkeit und der Geschwindigkeit meiner Hunde, landen wir sehr bald bei dem Stamm, der mich gerufen hat. In vier Tagen legen wir 650 km zurück.

Wir werden mit großem Gepränge empfangen. Die üblichen Salven begrüßen uns bei unserer Einfahrt ins Dorf. Jeder bekundet große Freude über unsere Ankunft.

Der Stammesrat tritt unverzüglich zusammen. Wir werden in einen Wigwam aus Baumstämmen geführt, der das Zentrum des Dorflebens bildet; er wird erleuchtet durch ein großes »Ratsfeuer«. Alle setzen sich nun auf den Boden, jeder an den Platz, den sein Rang ihm zuweist: die

Häuptlinge direkt am Feuer, dahinter die Alten, die Krieger und die Jäger, dann die jungen Leute, allesamt prächtig geschmückt mit Pelzwerk und Federn. Ganz im Hintergrund hocken die Frauen. Für mich ist ein Platz bei den Häuptlingen bereitet; mit allen Zeichen der Achtung werde ich dorthin geführt.

Niemand spricht, die allgemeine Stille wird nur durchbrochen durch das Knistern des Feuers. Der Oberhäuptling zündet feierlich die Friedenspfeife an; ihr Stiel mißt mehr als einen Meter, der Kopf ist aus geweihtem Stein geschnitzt, in Form eines Tomahawks. Er kann auch als Streitaxt benutzt werden. Der Häuptling tut drei Züge aus der Pfeife, dann reicht er sie mir. Ich folge seinem Beispiel und die Pfeife macht die Runde um das Feuer. Noch immer herrscht absolutes Schweigen, solange bis die Friedenspfeife dreimal herumgegangen ist und die Häuptlinge gelabt hat — bei mir trifft sie dreimal auf den gleichen Widerwillen, denn an das scharfe Kraut, das die Indianer rauchen, habe ich mich nie gewöhnen können.

Dann heißt der Häuptling mich willkommen und eröffnet mir, warum er mich gerufen hat. Da sein Stamm durch das Vordringen der Weißen bedroht ist, bittet er um Rat, wie er ein günstiges Abkommen schließen könne.

Zum Glück bin ich in der Lage, ihm den Weg zu weisen und ihn zu beruhigen. Alle Anwesenden verfolgen aufmerksam unsere Unterredung. Meine Ratschläge, die die Interessen der Indianer unterstützen, werden mit Befriedigung aufgenommen.

Als alles geklärt ist, möchte ich die seltene Gelegenheit benützen und zu den Versammelten vom Evangelium sprechen. Sie hören auch noch immer achtungsvoll zu, doch ich spüre, daß sie es jetzt nur noch aus Höflichkeit tun;

zu interessieren scheint sie lediglich, ob das Evangelium ihnen etwas einbringen kann, irgendeinen Nutzen bei den Verhandlungen.

Auf die Beratung folgt ein Mahl, dann werden Tänze aufgeführt, wobei die Frauen aus dem Raum gewiesen werden. Zwei Dutzend junger Männer tanzen beim Klang der Trommeln einen Begrüßungstanz; ihre Geschmeidigkeit beeindruckt mich nicht weniger als ihre rauhen Schreie. Aber der schauderhafte Rauch, der von dem widerlichen Kraut in den Pfeifen aufsteigt, bringt mich zum Ersticken. Zum Glück wird die Zeremonie abgebrochen, weil verkündet wird, daß der für dieses Fest bereitgestellte Tabak aufgebraucht ist. Sofort ziehen alle sich zurück.

Der Versammlungsraum wird für uns geräumt als Nachtquartier. In unsere Pelze gewickelt legen wir uns an die Reste des verglimmenden Feuers. Bevor ich einschlafe, überdenke ich noch einmal die Einzelheiten unseres Empfanges:

»Mustagan, was hat die Zeremonie mit der Friedenspfeife eigentlich für einen Sinn?«

»Herr, in unserem Dasein ist das Feuer für jeden unentbehrlich, wir leben immer in der Furcht, daß wir es verlieren. Die, die ständig im gleichen Dorf wohnen, können es leicht bewahren; für uns, die wir meistens unterwegs sind, im Winter mit dem Schlitten und im Sommer im Kanu, für uns ist es schwierig, das Feuer zu erhalten. Wenn es ausgeht, bedeutet das den Tod. Deshalb ist »Feuergeben« der beste Freundschaftsbeweis.

Außerdem ist es ein Zeichen des Vertrauens: hast du gesehen, wie das Feuer im Sommer die Wälder und Prärien verwüstet? Und mit welcher Schnelligkeit es sich weiterfrißt und auch die Wigwams verschlingt? Der Schwarzfußindiaaner setzt das Stammesgebiet seiner Feinde in Brand. Wenn man also einem Gast ›das Feuer gibt‹, so bekundet man damit, daß man ihm vertraut.«

»Und die Pfeife?«

»Die Pfeife ist das Behältnis des Feuers, sie bedeutet Frieden. Wer seinem Nebenmann die Pfeife reicht, zeigt ihm damit, daß er ihm helfen will und daß er ihn als Freund betrachtet.«

An der zusammensinkenden Glut des Ratsfeuers liegend, sinne ich noch lange über dieses Symbol des Feuergebens nach, das die friedliche Gesinnung versinnbildlicht. Aber schon am nächsten Tag erfahre ich, daß die Pfeife, wenn sie auch bei manchen einen tatsächlichen Friedenswillen aufdrückt, von anderen dazu benützt wird, über die eigentlichen Absichten zu täuschen.

Am anderen Morgen versammelt sich der Rat von neuem. Ich spreche von Gott; aber die Indianer haben taube Ohren. Ich schlage ihnen vor, in ihrem Dorf eine Schule zu gründen, damit ich später, wenn sie lesen können, ihnen das Buch des Großen Geistes gebe; die Indianer bleiben gleichgültig. Das, was sie wissen wollten, nützliche Hinweise für ihre Verhandlungen mit den Weißen, haben sie erfahren, und das, finden sie, genügt. Sie sind schlau und interessiert an dem, was ihrem Vorteil dient, aber für die Religion, die die Nachbarstämme glücklich macht, sind sie unzugänglich. Das Evangelium kann sie nicht berühren.

Bekümmert treten wir die Heimfahrt an: wir waren nicht gekommen, um lediglich geschäftliche Ratschläge zu geben. Nicht weit vom Dorf weist Mustagan auf Gräber, die halb versteckt in einer kahlen Schlucht liegen: jedes Grab trägt eine abgehackte Fuchspfote.

Unsere Rückfahrt geht sehr schnell. Ich habe das Gespann jetzt gut in der Hand. Nicht ohne Stolz bewundere ich meine prächtigen Renner, halb Hund, halb Wolf, deren heldenhafte Leistungen auch von den Indianern sehr beachtet wurden. Sie stürmen dahin, hintereinandergeschirrt und angeführt von dem erfahrenen Mustagan — ein großartigeres Gespann könnte man sich nicht erträumen.

Ihre Wildheit allerdings bringt uns mancherlei Verdruß. Abends, wenn wir unser Lager aufschlagen, müssen wir sie immer anketten. Und unterwegs, wenn wir auf eine frische Fährte stoßen? Die Wolfshunde rasen los wie die Berserker, und nicht selten kippt der Schlitten, bevor ich sie zum Stehen bringe, in irgendeiner Bodenfurche um und streut die ganze Ladung in den Schnee; mitunter geht er auch in die Brüche und das gleiche droht den Knochen seines Fahrers.

Vor allem bin ich jedesmal in Sorge, wenn wir einem Fremden begegnen. Die Hunde stürzen auf den Unbekannten los und würden ihn zerfleischen, wenn Mustagan und ich nicht eingriffen; wir rennen zu dem Fremden hin und schließen ihn in unsere Arme; nur so lassen sich die Hunde davon überzeugen, daß der Mann kein Jagdwild ist.

Zu einem typischen Vorfall kommt es nach unserem Eintreffen zu Hause. Während ich beglückt meine Familie begrüße, schirrt Mustagan die Hunde ab. Er kann sie nicht bändigen, denn er ist allein: sie reißen aus und überspringen in einem einzigen Schwung die Palisaden, hinter denen unsere Schafe wohnen. Die steile Wand, vier Meter hoch, hat unseren Eskimohunden immer Achtung eingeflößt, wir glaubten unsere Schafe gut geschützt. Die Wolfshunde brechen rücksichtslos in das Gehege ein und tun sich gütlich. Eugenie kann ihnen diese Missetat nur schwer verzeihen.

Ende des Winters haben wir wirksame Maßnahmen treffen müssen, um weitere unliebsame Zwischenfälle mit den Wolfshunden zu vermeiden. Die Eskimohunde läßt man im Sommer frei herumlaufen; in kleinen Rudeln streifen sie im Wald umher und leben von der Jagd; sie verstehen sich auch gut aufs Fischfangen. Manchmal trifft man sie hundert Kilometer weit vom Dorf entfernt. Im Herbst, wenn das Wild sich verkriecht, kommen sie zurück. Bei den Wolfshunden war an ein solches Freilassen nicht zu denken, ihre Wildheit nahm zu und sie wurden jetzt gefährlich. Hinter dem Hause haben wir sie mit starken Ketten festgemacht.

Um Eugenie über den Verlust der Schafe hinwegzutrösten, habe ich im Frühjahr von den ersten Kanus zwei reizende kleine Schweinchen mitbringen lassen, rosig und niedlich. Aber meine kleine Schäferin ist keineswegs befriedigt: Ferkel sind ihr offensichtlich lange nicht so sympathisch wie die Lämmer. Wir bemühen uns, ihr die Vorzüge der Schweine vor Augen zu führen: ist ein guter Schinken nicht angenehmer als ein noch so dichtes Schaffell? Einquartiert sind die neuen Gäste in einem Keller unter unserem Zimmer; dort werden sie es warm und sicher haben. Eine fünfzehn Zentimeter dicke Holztür schützt sie vor jedem Angreifer.

Ich muß gestehen, es macht mir Spaß, unsere kleinen Ferkel zu besuchen, ich freue mich zu sehen, wie gut sie sich entwickeln. Welch köstliche Speckseiten winken uns hier! Du lächelst, daß ich so gefräßig bin? Versuch sie erst, unsere hiesige Kost: Fisch dreimal täglich! Von Zeit zu Zeit ein Fischgericht, das ist gar nicht übel; aber iß einmal Fisch bei jeder Mahlzeit, morgens, mittags, abends, immer Fisch, neunzigmal im Monat, nichts als Fisch, denn Wild ist eine seltene Ausnahme. Probier das eine Zeitlang aus, und dann besieh ein hübsches, fettes Schwein; ohne weiteres wird dir dann begreiflich, daß ich mit solcher Freude dem Moment entgegensehe, wo die kleinen Ferkel unsere Tafel zieren werden.

Ende Mai bin ich zu einer Bootsfahrt gestartet, um die Handelsplätze zu besuchen, die die Weißen an den Ufern des Roten Flusses südlich des Winnipegsees eingerichtet haben; dort hoffte ich verschiedenes zu finden, was ich für meine Druckerei benötigte. Leider waren wir aus Ungeduld zu früh gefahren. Auf dem Winnipegsee schwammen noch große, zwei Meter dicke Eisbänke. Die Strömung schob sie hin und her, und bald sahen wir uns rings umschlossen, dann immer enger eingeklemmt.

Die Gefahr war groß. Die schwimmenden Eisfelder prallten mit Getöse aufeinander. Die offenen Kanäle, durch die wir unseren Weg nahmen, schlossen sich hinter uns wie Zangen und zermalmten jeden Gegenstand, der auf dem Wasser trieb. Wie sollte unser zartes Boot diesem Druck widerstehen? Bald sahen wir keinen Ausweg mehr, keine noch so schmale Fahrrinne. Es blieb uns nichts übrig als schleunigst auf das Eis zu springen und auch das Boot mit sämtlichem Proviant heraufzuziehen. Und dann mußten wir auf unserem Eisfloß warten, bis die Kanäle sich bequemten, wieder aufzugehen.

Es wurde eine lange Wartezeit. Die freundliche Kameradschaft Kahwonabys und die interessanten Gespräche mit ihm waren die einzigen Lichtblicke bei dieser achttägigen Strapaze. Erst dachten wir, wir könnten irgendwie ans Ufer kommen, aber zwischen den schwimmenden Inseln waren offene Kanäle voller Treibeis; über sie konnte man weder zu Fuß noch im Kanu hinwegkommen, denn die Eisschollen mit ihren scharfen Ecken hätten uns das Boot sofort durchlöchert. Es gibt nichts Undurchdringlicheres als diese Brühe aus Wasser und schmelzenden Eisblöcken. Wir mußten also abwarten, obwohl wir gegen Regen und Sonne keinen anderen Schutz hatten als das umgedrehte Boot. Das Schlimmste war das Fehlen von Brennholz, und ich hatte reichlich Zeit, darüber nachzudenken, was Mustagan mir über den Wert des Feuers gesagt hatte. So hockten wir acht Tage lang auf unserer schwankenden Insel, frierend, ohne warmes Essen und durchnäßt von den Nebeln, die im Frühjahr die auftauenden Seen überdecken.

Aber schließlich wurden die blockierten Kanäle wieder frei, und wir konnten unsere Fahrt wieder aufnehmen, durch eisigen Nebel und schmelzendes Treibeis.

Auch am Roten Fluß verlebten wir traurige Tage. Das Herz krampfte sich zusammen, wenn man sah, wie die weißen Geschäftsleute die Schwächen der Indianer schamlos ausnutzten. Nachdem die Weißen ganze Stämme von Rothäuten massakriert hatten, fanden sie es jetzt am praktischsten, die Reste der Rasse durch Handel zu vernichten. Ihre wirksamste Waffe wurde nun der Alkohol, das »Feuerwasser«, das viel schlimmere Verheerungen hervorrief als die Feuerwaffen.

Auf die Rothäute übt der Alkohol eine unbeschreibliche, in diesem Ausmaß kaum verständliche Anziehung aus. Wenn sie einmal einen Tropfen getrunken haben verlangen sie immer wieder danach. Durch den Alkohol lassen sich die wildesten Stämme unterjochen, er unterhöhlt ihre Kraft und richtet sie am Schluß zugrunde. Die Sucht nach dem Alkohol macht den Indianer zum wehrlosen Opfer der Weißen. Er tauscht seine ganzen Reichtümer gegen irgendwelche Schundwaren ein — wenn nur ein Faß Whisky dabei ist. Das Feuerwasser ist die Quelle allen Elends bei den jetzigen Indianern, das niederträchtige Hilfsmittel, mit dem die Weißen ihr Vernichtungswerk vollenden.

»Bevor eure Väter hierher kamen und hier wohnten«, sagte ein Irokesenhäuptling, »kannten wir das Feuerwasser nicht. Trunksüchtige gab es bei uns nirgends, wir tranken Wasser aus den Bächen und Seen. Dann brachten einige von euren schlechten Brüdern dieses Gift zu uns. Die Folgen sieht man! Jetzt sind wir nur noch ein kümmerlicher Überrest, wir können nur noch weinend auf den Gräbern unserer Ahnen sitzen.«

Im Laufe von fünfzig Jahren hat der Tod durch Alkohol die Zahl der Indianer auf die Hälfte reduziert, und die Überlebenden vegetieren in der Nähe der Handelsplätze kümmerlich dahin. Dieses intelligente, kühne, würdevolle Volk, einstmals Herr des Landes, lebt jetzt das traurige Dasein von betrunkenen Bettlern, es hat alles Edle und alle Energie verloren; nur zuweilen rafft es seine letzten Kräfte auf, um irgendeinen grausamen Racheakt zu verüben. An die Stelle der einstigen Ratsversammlungen der Stämme sind wüste Trinkereien getreten, die meistens in gehässigen Disputen enden. Ein armes, abgesunkenes Volk!

Am Roten Fluß haben Missionare gearbeitet, sie haben versucht, die Reste dieses sterbenden Volkes zu retten. Für den entarteten Indianer gibt es nur die eine Hoffnung: völlige Enthaltsamkeit von jedem alkoholischen Getränk. Aber als die Missionare diesen Grundsatz durchführen wollten, stießen sie sofort auf den gewaltsamen oder heimlichen Widerstand der Händler. Wenn Indianer Christen werden, kommt ihnen die tödliche Gefahr, die der Alkohol für ihr Volk bedeutet, zum Bewußtsein; auf Grund ihrer christlichen Entscheidung haben sie die Kraft, jeden Alkohol zurückzuweisen. Manche Siege auf diesem Gebiet berechtigen zu neuer Hoffnung. Vier Indianer gingen eines Tages ins Lager der Weißen, um Geschäfte abzuschließen. Einer der Händler wollte ihnen Whisky zu trinken geben, um beim Handel größere Vorteile herauszuschlagen. Aber die Indianer lehnten ab, sie seien Christen. Als der Händler sie nicht überreden konnte, dachte er, sie hätten Angst vor den Missionaren, und wenn sie im geheimen trinken könnten, würden sie es tun. So kam er auf den folgenden Gedanken. An den Pfad, den die Indianer auf dem Rückweg gehen mußten, legte er ein kleines Faß mit Whisky hin, dann versteckte er sich im Gesträuch und amüsierte sich im voraus über die Betrunkenheit der Indianer. Bei Eintritt der Dunkelheit kommen die Indianer endlich an, im Gänsemarsch. Der vorderste bleibt stehen und ruft:

»O, mah-je-mum-e-doo sah-oomah ahyah: Ha, der Teufel ist hier!«

Der zweite, als er an das Faß kommt, sagt:

»Ja, ich rieche seinen Geruch!«

Der dritte setzt den Fuß auf das Faß und rollt es hin und her:

»Kaguit, nenoondahwhasah: Tatsächlich, ich höre ihn!«

Der vierte gibt dem Faß einen ordentlichen Tritt, daß es den ganzen Hang hinunterrollt: »Der gottlose Weiße soll seinen Teufel selber trinken, wenn er Spaß daran hat.« Und dann ziehen die vier tapfer ihres Weges.

Fast immer zeigen die christlichen Indianer eine erstaunliche Widerstandskraft gegen die Versuchung des Feuerwassers. Einer, der auf einem See vom Sturm überrascht wurde, erlitt mit seinem leichten Kanu Schiffbruch. Er war dem

Ertrinken nahe und schon ohne Bewußtsein, da wurde er im letzten Augenblick herausgefischt. Um ihn wieder zu beleben, flößten ihm die Retter etwas Schnaps ein. Als die anderen christlichen Indianer dies erfuhren, waren sie sehr aufgebracht und wollten keinerlei Entschuldigung gelten lassen. Sie peitschten den Geretteten rücksichtslos durch, dann kam einer nach dem anderen zu ihm und betete mit ihm und ermahnte ihn, niemals wieder Feuerwasser anzurühren.

Ein junger Häuptling, normalerweise harmlos und gutmütig, ließ sich von einem weißen Händler in Versuchung führen. Als er blau war, lief er in den Schulsaal und ging mit hochgeschwungenem Tomahawk auf die erbleichende Lehrerin los. Die Lehrerin stürzte sich unter die von Schreck gelähmten Kinder und sprang zum Fenster hinaus. Der Indianer konnte gerade noch den Zipfel ihres Kleides pakken, wobei das Kleid zerriß und den Sturz etwas abschwächte. Die Nachbarn eilten zur Hilfe herbei und ergriffen den Betrunkenen. Sein Häuptlingsrang schützte ihn nicht vor Strafe. Er wurde durchgeprügelt, in den Wald geschleppt und dort an einen Baum gebunden, wo er vier Tage blieb, ohne Essen und Trinken. Er wurde nüchtern und hatte reichlich Zeit zum Nachdenken. Von da an mied er sorglich den Dämon, der auch bei ihm, wie für sein ganzes Volk, zur Quelle von Kummer und Schande geworden war.

So kämpfen die christlichen Indianer gegen den Ruin ihrer Rasse. Zuweilen haben sie dabei Erfolg, aber, ach, wie selten! Im allgemeinen gelingt dem Weißen die Zerrüttung der Indianer nur zu gut. Um die europäischen Niederlassungen streichen überall die müßigen und trunksüchtigen Rothäute, die Trümmer eines gefallenen Volkes. Ausschweifungen zerfressen die Stämme, in den Wigwams herrschen Elend und Unheil. Unsere Herzen bluten, wenn wir sehen, wie diese prächtige Rasse so jämmerlich zugrunde geht. Kahwonaby ist sehr niedergeschlagen.

Als wir den Roten Fluß wieder hinunterfahren, bemerken wir am Ufer mehrere Erdhügel. Wir halten an, um die Gräber näher anzusehen; sie tragen keinerlei Zeichen, weder christliche noch heidnische. Wir können es kaum glauben, wir suchen rundherum nach einer Raubtierkralle oder einem Zahn, nach einem Zeichen irgendwelcher Art — nichts ist da! Kahwonaby ist bestürzt. Grausig und trostlos sehen sie aus, diese Gräber, bei denen nicht das kleinste Zeichen von der Liebe der Familie zeugt, kein Merkmal die Stammesverbundenheit verkündet. Die heidnische Seele ist durch die Laster der fremden Eroberer verdorrt. Die Menschen, die unter diesen Erdhügeln liegen, starben ohne Hoffnung, weil sie auch ohne Hoffnung lebten; sie starben ohne Liebe, weil ihr Leben ein entwurzeltes Leben war. Gräber ohne Grabmal sind Gräber einer niedergegangenen Rasse, die sich umbringt oder vielmehr von den Weißen umgebracht wird.

Bei der Rückfahrt verfolgen uns auf dem ganzen Winnipegsee unablässiger Regen und Nebel. Wir freuen uns, als wir die Missionsstation erreichen und die Unsrigen gesund und wohlbehalten wiedersehen. Ich mache einen Rundgang durch unser Anwesen. Unsere beiden Schweine haben sich prachtvoll entwickelt; im übrigen bin ich nicht ihr einziger Bewunderer; seit mehreren Wochen ruft ihr Grunzen ein gieriges Echo im Gebell der Wolfshunde hervor. Meine stolzen Renner tun mir leid; sie haben sich weiter gekräftigt, sind aber während meiner Abwesenheit zu kurz angebunden gewesen. Ich gebe ihnen etwas mehr Bewegungsfreiheit. Die Folge ist, daß sie in der Nacht an ihren Ketten zerren und bis an die Tür des Schweinestalls gelangen. Mit ihren spitzen Zähnen nagen sie die fünfzehn Zentimeter dicken Bohlen durch und stürzen sich auf ihre Opfer. Ade, Schinken, Speck und Würste! Auch nicht ein Fuß ist übriggeblieben; die Räuber haben alles verschlungen, von den Ohren bis zur Schwanzspitze.

Als wir uns mittags zu Tisch setzten und der unvermeidliche Fisch erscheint, hat keiner Appetit; der Fisch bleibt uns im Hals stecken. Im Anfang, als eine Aussicht auf Abwechslung noch nicht vorhanden war, haben wir ihn tapfer gegessen; dann haben wir ihn ertragen im Hinblick auf die heranwachsenden Lämmer ... aber an den Lämmern taten sich andere, Ungeduldigere gütlich; und dann freuten wir uns auf die armen Schweinchen ... Heute haben die räuberischen Vielfraße uns die Hoffnung auf Kostveränderung geraubt. Der Fisch widersteht uns. Aber auch morgen müssen wir den gleichen Speisezettel beibehalten: Fisch dreimal täglich. Und im Sommer werden wir uns wieder unseren Jahresvorrat anlegen: dreitausend gefrorene Fische für die Familie und für die Hunde das Doppelte.

DER SCHWARZFUSSINDIANER

Im August 1842 mache ich noch eine rasche Fahrt mit Kahwonaby und einem älteren Ruderer. Doch bevor ich aufbreche, muß ich weitere Schutzmaßnahmen gegen unsere Wolfshunde treffen. Sie werden immer wilder. Die einzigen, denen ich sie anvertrauen kann, sind Budd und Mustagan, kein anderer wagt sich mehr in ihre Nähe. Wir bauen einen Stall mit hohem, starkem Palisadenzaun.

Dann besteigen wir das Rindenkanu, überqueren den Nordteil des Winnipegsees und fahren den Saskatchewan und einen seiner südlichen Nebenflüsse hinauf. Hier kommen wir wieder in eine Gegend, die unter der Nähe weißer Ansiedler leidet.

Die Landschaft wirkt rauh und abweisend. Die Ufer sind umsäumt von finstern Fichtenwäldern, das Tal ist eng, zwischen steile Hänge eingezwängt. Nun verengert sich die Talsohle noch mehr, wir befinden uns am Eingang einer jähen Felsschlucht. Durch wilde Wasserwirbel dringen wir in den Engpaß vor, das Wasser kocht und zischt, wir müssen alle Kräfte aufbieten, um in der reißenden Strömung überhaupt vorwärts zu kommen. Fast nächtliche Dunkelheit umgibt uns, so hoch steigen rechts und links die Felsenwände auf und darüber hängen dichte Wolken. Der Regen schüttet herab und durchkältet uns. Für eine kurze Strecke treten die Felsen ein wenig zurück, die Strömung beruhigt sich und gewährt uns eine Pause zum Verschnaufen. Auf dem rechten Ufer, sich zusammendrängend auf dem schmalen Streifen zwischen Fluß und Felswand, behauptet sich ein Stückchen Wald. Wir sind umschlossen von einer natürlichen Festung, düster und unheimlich. Der Wind bricht sich heulend an den ausgezackten Felsen.

Zwischen den Tannen, in das Felsgestein geduckt, tauchen ein paar Wigwams auf. Ein großes Feuer, das dort brennt, lockt uns an, wir sehnen uns sowohl nach etwas Wärme wie nach einer Ruhepause. An der Tür des ersten Wigwams reckt sich eine hünenhafte Gestalt auf, ein Indianer mit grimmigem Gesicht, ein kampfbereiter Riese. Auf dem Kopf trägt er eine Pelzhaube mit zwei Wolfsohren, geschmückt mit ungezählten Falkenfedern, die den Kopf wie eine Mähne umstarren. Die Schultern sind bedeckt von einem Wolfsfell, und jede Bewegung wird betont durch das Klappern der Raubtierzähne und -krallen, mit denen der ganze Körper behängt ist. Die zahlreichen Skalps, die am Gürtel des Indianers baumeln, bezeugen die besondere Wildheit seines Wesens und seine kriegerischen Erfolge. Die finstere Erscheinung läßt uns zurückschrecken.

»An meinem Feuer, Bleichgesicht, wirst du dich nicht wärmen!« schreit uns der Indianer mit schneidender Stimme entgegen.

Kahwonaby flüstert mir zu:

»Sei vorsichtig! Es ist ein Schwarzfußindianer.«

Offensichtlich ist mein Steuermann für Rückzug; ich dagegen möchte gern ein Gespräch anknüpfen. In das aufsteigende Gewitter werfe ich einige friedliche Worte und nähere mich der Türe des Wigwams.

Der Schwarzfußindianer versperrt mir den Weg. »Du Hund! Mach dich fort! Euretwegen flammt in unseren Herzen der Zorn. Unser Volk lebte glücklich und ungestört, dann kamen die ersten Bleichgesichter. Kaum gelandet, metzelten sie Indianer nieder, den Kopf unseres Häuptlings haben sie auf einen Speer gespießt, sie pflanzten ihn auf ihre Barrikaden. Wir Indianer kämpften Mann gegen Mann; ihr, ihr habt wie Feiglinge den Tod aus der Ferne gesät. Unsere Väter haben sich tapfer geschlagen und viele Siege errungen; zum Unglück haben sie den Frieden angenommen. Sie meinten es aufrichtig, sie wußten nicht, daß die Weißen ehrlose Hunde sind, die nur nach Blut und Raub lechzen.

Dann haben die Hunde unseren Vätern das Feuerwasser gegeben. Unsere Väter tranken davon und verloren den

Verstand. Von der Küste ließen sie sich weit zurückdrängen und flüchteten sich in die Wälder. Von diesem Tag an sind wir immer nur gehetzt worden wie die wilden Tiere. Nie habe ich das Licht der Sonne anders sehen dürfen als durch das Blätterdach der Bäume, nie konnte ich die Gräber meiner Väter besuchen.

Ihr wolltet ein Stück Land, wir haben es euch überlassen. Um des Friedens willen haben wir das Land unserer Väter verlassen und es den Fremden gegeben, denn sie behaupteten, sie brauchten es. Ach, je mehr wir gaben, desto mehr habt ihr genommen, mit Gewalt und mit List. Jetzt bleibt uns kein Platz mehr zum Leben.

Jawohl, sogar das Recht zu leben streitet ihr uns ab. Ihr tötet unser Volk durch das Feuerwasser, und jetzt, wo es tödlich verwundet ist, verfolgt ihr und zerfleischt ihr es wie Hunde, die sich festbeißen in einem blutenden Hirsch. Ihr habt kein Mitleid, keine Gerechtigkeit und keine Ehre, ihr Hundevolk! Ihr seid Würger, die ohne Grund erwürgen, ihr seid reißende Wölfe, die nur zum Vergnügen töten. Alles, was sich seiner Freiheit freut, vernichtet ihr, die Tiere wie die Menschen!

Bleichgesicht! Wir waren ein stolzes, starkes Volk, lebten frei und glücklich auf dem Boden unserer Väter. Ihr habt uns ohne Erbarmen verfolgt. Ich bin jetzt nur noch ein vertrockneter Baumstamm, dem die Weißen seine Wurzeln und Zweige geraubt haben. Aber gegen die Hunde werde ich die letzten Knochen meines Stammes grimmig verteidigen. Mein Volk ist nie ein Sklavenvolk gewesen. Ihr werdet uns vernichten, aber unterjochen werdet ihr uns nie!«

Ihm zuzureden wäre nutzlos gewesen, wahrscheinlich auch gefährlich. Sein Herz war verschlossen durch den Haß

— durch den Haß, den man leider nur zu gut verstand. Die schändlichen Gewalttaten der Weißen haben die Herzen der Rothäute verhärtet; haben wir das Recht, deshalb einen Vorwurf gegen diesen Häuptling zu erheben?

Das Unwetter tobt immer heftiger. Der Wind trägt das dumpfe Rauschen eines Wasserfalles herüber, der weiter oberhalb den Fluß versperrt; es bleibt uns nichts übrig, als so rasch wie möglich durch den Engpaß zurückzufahren. Als ich mich noch einmal umdrehe, um dem Schwarzfußindianer wenigstens ein Abschiedswort zu sagen, bemerke ich, daß über dem Eingang seines Wigwams, mit Lederriemen festgebunden, der Kopf eines Wolfes angebracht ist; in dem geöffneten Rachen schimmern die Fangzähne.

Niedergeschlagen ergreifen wir die Ruder. Sind es die brutalen Worte des »Sohnes der Wölfe«, die uns so verletzt haben? Nein; bedrückt sind wir vor allem deshalb, weil wir den Haß gesehen haben, den die barbarische Grausamkeit der Kulturmenschen überall gesät hat.

Wir fahren den Saskatchewan wieder hinunter. Der Herbst steht vor der Tür; das Laub wird schon gelb, einzelne vom Sturm losgerissene Blätter wirbeln über dem Fluß. Mir ist traurig zumute; unsere letzten Begegnungen mit den von den Weißen verfolgten Indianern gehen mir nach; von den Rothäuten, die wir gesehen haben, sind die einen entwürdigt, die anderen erfüllt von Haß, alle unglücklich und ihres einstigen Ruhmes entkleidet. Hier werde ich den Indianer, den ich suche, niemals finden. Wenn er überhaupt noch existiert, der Indianer mit dem edlen, unverfälschten Herzen, dann höchstens außerhalb des schmutzigen Dunstkreises der Kulturmenschen. Das Ziel meiner Träume ist jetzt, weit in den Norden oder in den Westen zu gehen, in Gebiete, die vom Händlergeist des weißen

Mannes noch gänzlich unberührt sind. Meine Gedanken richten sich auf den großen Makkenzie-Fluß: er fließt nach Norden, fort von der Zivilisation, das ganze Land, das er durchströmt, ist noch wild und unverfälscht. Werden wir die echten Indianer nicht vielleicht an den Ufern des Makkenzie finden?

Der Saskatchewan bringt uns wieder zum Winnipegsee. Wie gewohnt, halten wir uns möglichst nah am Ufer, in einem Rindenkanu kann man sich nicht in die Mitte des Sees hinauswagen; wegen der vielen Vorgebirge, mit denen die Küste kilometerweit in den See vorstößt, fahren wir von einem Kap zum anderen, um die tiefen Einbuchtungen abzuschneiden, immer auf der Hut, daß wir nicht auf einer dieser Zwischenstrecken von einem Sturm überrascht werden.

Aber die Gewöhnung an Gefahren macht uns dennoch allzu kühn. Am 8. September setzen wir die Fahrt trotz des zunehmend stürmischen Wetters fort. Durch häufigen Gegenwind behindert, haben wir uns ohnehin schon verspätet, die Jahreszeit rückt vor, und wir wollen nicht vom Frost überrascht werden. Riesige Wellen, fast wie auf dem Meer, rollen uns entgegen, das Wasser schlägt ins Boot, einer von uns dreien muß unablässig ausschöpfen.

Es ist noch ziemlich früh am Morgen. Wir rudern seit anderthalb Stunden, da packt uns, als wir um die Spitze eines Vorgebirges biegen, eine ungeheure Welle, die sich brechend über uns ergießt und das Boot halb mit Wasser füllt. Wir drehen schleunigst bei und fahren in die Bucht hinein, nehmen unsere Route aber bald wieder auf.

Zwei Kilometer vor uns zeichnen sich die Umrisse eines Kaps ab. Durchnäßt und halb erstarrt rudern wir in gerader Linie darauf zu, da packt mit einemmal eine neue Woge unser Boot, kippt es um und schleudert uns ins Wasser. Als ich wieder an die Oberfläche komme, sehe ich, daß das Boot kieloben auf dem Wasser treibt und auf dem Kiel sitzt rittlings Kahwonaby. Ich schwimme zu ihm hin und klammere mich an den Vordersteven. Mein Ruderer, der Alte, hält sich an einem Holz fest; schwächer als wir beiden anderen, dabei dem Wellengang mehr ausgesetzt, ist er der Gefährdetste. »Wir werden sterben«, sage ich zu Kahwonaby. »Ja, sicher«, erwidert er. Das Wasser ist so kalt, daß wir das Ufer schwimmend nicht erreichen würden. Unsere einzige Rettungsmöglichkeit liegt darin, daß wir uns weiter an das Boot klammern, vielleicht treiben uns die Wellen bis ans Ufer.

Der Ruderer ist am Ende seiner Kräfte. Seine Bemühungen, sich über Wasser zu halten und das Boot nicht loszulassen, werden immer schwächer. Ich frage ihn, ob er zum Sterben bereit sei. »Ja«, erwidert er, »schon seit langen Jahren bete ich.« Als Kahwonaby sieht, daß die Augen des Alten sich geschlossen haben, streckt er die Hand aus, ergreift ihn bei den Haaren, auf die Gefahr hin selber abzurutschen, und bettet den Kopf des alten Mannes auf sein Knie, wobei er darauf achtet, daß der Mund immer oberhalb des Wassers bleibt. Wir müssen fürchten, daß der Arme tot ist; aber Kahwonaby hält den Kopf mit heldenhafter Ausdauer, fest entschlossen, den Leib am Ufer zu bestatten, falls es uns gelingt, uns an Land zu retten.

Ich fühle, wie auch mir die Kräfte schwinden, ich habe keine Hoffnung mehr, dem Tode zu entrinnen. Ich befehle meine Seele und meine Angehörigen dem Herrn an. Dann wende ich mich an Kahwonaby; ich fühle, sage ich ihm, daß ich untergehen werde, er selber soll sein Leben retten. Er antwortet, er wolle nicht mehr leben; wenn wir anderen ertrinken müßten, wolle er mit uns zusammen sterben. Als ich an meine Familie denke und an unser Werk, wird der Wunsch zu leben wieder mächtig. Aber, sage ich mir dann, wenn ich meine Aufgabe hier vollendet habe, dann kann mich Gott zu sich heimnehmen; wenn er aber will, daß ich noch weiter für ihn arbeite, dann wird er Wege finden, unser Leben zu bewahren. Ich hatte mich ihm völlig ergeben, ich sagte ohne Rückhalt: Dein Wille geschehe. Ich hatte unterdessen immer gebetet; und plötzlich steigt die Hoffnung wieder in mir auf, daß wir doch gerettet werden. Ich habe keinen Zweifel mehr, es ist seltsam, denn es ist nichts zu sehen, was mich ermutigen könnte. Der Sturm tobt genauso wie vorher. Die Wogen erheben drohend ihre Häupter, mit unserem gekenterten, zerbrechlichen Boot sind wir ein Spielball der Elemente. Aber Gott, der der Herr der Stürme und der Herzen ist, gibt mir die Kraft und Hoffnung. Die Gewißheit ist in mir so groß, daß ich mit den Armen zu rudern beginne. Im gleichen Moment schlägt der alte Ruderer die Augen auf.

Ich bin plötzlich glücklich, fast fröhlich. Die Dankbarkeit gegen Gott gewinnt in meinem Herzen die Oberhand über alle anderen Gefühle. Wir nähern uns dem Ufer. Ich taste mit den Füßen, finde aber keinen Grund. Doch das Ufer kommt näher und näher und schließlich stoße ich auf festen Boden.

Unsere erste Sorge gilt dem alten Ruderer, der nicht mehr die Kraft zu gehen hat. Dann bergen wir das Boot, und als wir es umdrehen, müssen wir feststellen, daß wir alles verloren haben, alles außer unseren Decken. Daß die Decken uns geblieben sind, ist ein großer Segen, ohne sie würde uns die Kälte in der Nacht grausam zusetzen. Wir knien nieder und danken Gott, daß er uns bewahrt hat. Von der

Kälte erschöpft, legen wir uns kurze Zeit in den nassen Sand, dann schieben wir das Boot ins Wasser und eilen weiter, um so rasch wie möglich irgendeinen Wigwam zu erreichen, wo wir uns an einem Feuer wärmen können und wo man uns zu essen gibt.

In Norway House, kurz nach unserer Heimkehr, erwartete uns eine schreckliche Tragödie. Da der Winter nahte, lag mir daran, daß meine Wolfshunde sich mehr bewegten, damit sie gelenkig wurden. Eines Morgens gehe ich mit Budd, der die Hunde zu bändigen versteht, in ihr Gehege, um sie los zu machen. Die schwere Tür des Geheges habe ich sorgfältig zugezogen, aber da das Schloß auf der Außenseite ist, kann ich den Schlüssel nicht herumdrehen, damit niemand herein kann. Mit unseren großen Peitschen bewaffnet, ketten wir die Hunde los und lassen sie umhertoben und miteinander spielen, denn das ist ihre größte Freude.

Unterdessen ist ein alter Indianer zur Missionsstation gekommen, um mich zu besuchen. Nachdem er mich in und um das Haus herum gesucht hat, kommt er schließlich an die Tür des Hundestalls, öffnet sie und tritt herein. Wie wilde Bestien stürzen sich die Hunde auf ihn, und ehe Budd und ich sie zurückreißen können, haben sie den unglückseligen Indianer so zerbissen, daß er stirbt, wohl mehr infolge seines Schreckens als wegen seiner Wunden. Auf diese furchtbare Szene hin lasse ich die vier Untiere sofort beseitigen. So endet nun das prächtige Gespann, das im ganzen Umkreis so viel Bewunderung gefunden hatte und auf das ich allzu stolz gewesen war.

DAS TOTEM

Im Dezember 1842 starten wir zu einer neuen Expedition mit Schlitten. Unsere letzten Fahrten haben eine große Enttäuschung bei mir hinterlassen: überall habe ich nur Verderbtheit, Arglist und Gewalt gefunden. Habe ich mich getäuscht? Ist mein Traum vom edelmütigen Indianer nur ein Hirngespinst? Gibt es in der Welt des Wirklichen nur Bosheit, Haß und Unglück?

Wir müssen weiter in den Norden, fort aus dem schmutzigen Bereich des weißen Mannes! Die Bleichgesichter haben überall nur Ungerechtigkeit verbreitet und Rachgier wachgerufen. Sobald der Eingeborene mit ihnen in Berührung kommt, empört er sich oder wird gemein und niedrig. Durchforschen wir also Schneewüsten, die Urwälder! Suchen wir nach Rothäuten, die das Glück gehabt haben, mit Kulturmenschen nie in Berührung gekommen zu sein.

Wochenlang fahren wir durch die schütteren Wälder des Nordens. Die Indianer, die wir treffen, sind nicht anders als die bisherigen: entgegenkommend oder haßerfüllt, gewalttätig oder hinterlistig — alle unglücklich, getrieben von Selbstsucht, Rachedurst und ungebändigten Impulsen. Wir müssen noch weiter, in noch abgelegenere Gebiete.

Wir haben die Waldgrenze überschritten. Hier und da wachsen noch vereinzelt Birken, sie liefern schlechtes Brennholz, die Nächte sind qualvoll. Auf den großen, nackten Ebenen herrscht eine grausige Kälte; das Thermometer sinkt auf 50, ja auf 60 Grad unter Null. Jeden Abend zittern wir, ob wir Holz für unser Feuer finden.

Dennoch fahren wir weiter. Die Bäume schrumpfen zum Gestrüpp zusammen und werden immer seltener. Zur Vorsicht führen wir immer einen kleinen Holzvorrat mit, eine eiserne Reserve für zwei bis drei Nächte.

Am Sonntag, den 15. Januar 1843 ruhen wir uns aus; in einer dichten Birkengruppe haben wir einen komfortablen Lagerplatz. Mit dem üppigen, gestern abend gesammelten Holzvorrat, können wir ein tüchtiges Feuer unterhalten, und wir genießen einen friedlichen Sonntag mitten in der Schneewüste.

Montag abend, 16. Januar. — Kein Baum, kein Strauch, so weit man blicken kann. Dank unserer Holzreserve können wir uns Tee machen, dann legen wir uns schlafen, um die Kälte nicht so sehr zu spüren.

Mittwoch, 18. Januar. — Wir haben vor Kälte nicht schlafen können; kurz nach Mitternacht sind wir wieder aufgebrochen. Wenn man sich bewegt, ist die Kälte leichter zu ertragen.

Unserer eintönigen Nachtfahrt wird plötzlich eine freudige Abwechslung beschert: Am Himmel flammt mit einemmal ein Nordlicht auf. Ein Schauspiel, dessen Schönheit jede Phantasie in den Schatten stellt. Das Nordlicht leuchtet schlagartig auf und erstrahlt in einer Pracht, die nichts Irdisches mehr hat; es verändert sich in raschem Wechsel und schreitet von Herrlichkeit zu Herrlichkeit. Mit einem ständig wechselnden Glanz erleuchtet es den Himmel wie ein erhabenes, geheimnisvolles Feuerwerk, phantastische Bilder entstehen, die in allen Regenbogenfarben glänzen. Ein erlesenes und gleichzeitig beunruhigendes Schauspiel, verblüffend, faszinierend, von betörender Schönheit. Wir bewundern es mit ehrfürchtigem, fast ängstlichem Staunen. Die ganze Nacht hindurch flammen immer wieder neue Nordlichter auf und senden ihre Strahlenbündel aus. Erst als der Morgen anbricht, erlöschen sie. Sie haben uns die elende Kälte ganz vergessen lassen.

Donnerstag, 19. Januar. — Es ist unwahrscheinlich kalt. Ein Schneesturm macht unser Vordringen sehr mühsam. Mustagan sagt zu mir:

»Herr, laß uns umkehren. Was suchst du noch höher im Norden? Indianer gibt es dort nicht mehr.«

Freitag, 20. Januar. — »Wir wollen weiterfahren, Mustagan; das Wetter scheint sich wieder aufzuklären. Ich weiß selber nicht, was mich zieht, aber ich fühle, daß ich weiter muß.«

Samstag, 21. Januar. — Wind und Schnee; ein scheußlicher Tag.

Es ist sehr spät geworden, bis wir endlich einen Lagerplatz zum Übernachten fanden.

Sonntag, 22. Januar. — Ein grausiges Erwachen. Es hat die ganze Nacht geschneit. Unser miserables Birkenholz hat sich so voll Schnee gesogen, daß es naß wird, wenn die Flammen es berühren, und es will nicht brennen. Den ganzen Tag zittern wir vor Kälte. Dieser Sonntag ist furchtbar.

Wieder sagte Mustagan:

»Herr, laß uns umkehren. Was suchst du hier oben? Noch zwei oder drei Tagesmärsche weiter, und wir kommen zu den Eskimos — wenn wir nicht vorher schon erfroren sind. Du weißt, wie wild sie sind, die Eskimos. Wenn Indianer mit Eskimos zusammentreffen, dann kommt es über uns; wir können uns nicht mehr halten: der Indianer bringt den Eskimo um, damit er nicht selber umgebracht wird.«

Als es Abend wird, lassen die Windböen nach. Der gestirnte Himmel glitzert wie ein tiefer Raum. Dann geht ein Nordlicht auf und entfaltet seinen trügerischen Zauberglanz. Es bedeckt den Himmel wie mit einem Schleiertuch von reinstem Weiß; es schwebt und blüht auf, dann rollt es sich zusammen; und wieder entfaltet es sich mit geheimnisvollen Schwingungen; ohne Unterlaß breitet es sich aus und zieht sich zusammen, das weiße Leichentuch, leuchtend und ungreifbar. Wir schauen wie gebannt.

»Mustagan, noch einen Tag laß uns weiterfahren.«

»Herr, ich möchte keinen Eskimos begegnen. Ich weiß nicht, was dann geschehen würde.«

Der Morgen kündet einen strahlenden Tag an. Wir ziehen unsere Bahn über grenzenlose Flächen. Auch am Horizont ist nichts zu sehen, nicht der kleinste Baum, kein Felsen. So weit das Auge reicht, umgibt uns makelloses Weiß. Die Schneekristalle glitzern und leuchten wie ein samtener Teppich. Kein Hauch bewegt die Luft, die Welt ist eingehüllt in friedvolles Schweigen. Die Sonne spiegelt ihre Majestät im Leuchten des Schnees.

Die fächerförmig angeschirrten Hunde traben freudig; Mustagan sitzt neben mir, sein Gesicht ist fast wieder heiter.

Vor uns, im Schutz einer Bodenwelle, taucht ein kleiner symmetrischer Erdhügel auf. Instinktiv steuern die Hunde darauf zu, sie bellen aber nicht, sie scheinen beunruhigt. Bald erkennen wir, was es mit dem Hügel auf sich hat: es ist eine Schneehütte. Vor dem Eingangsloch steht ein Mann.

Als wir ziemlich nah herangekommen sind, bleiben unsere Hunde unschlüssig und verwirrt stehen. Der Fremde flößt ihnen Respekt ein. Alles, was er an sich hat, ist ungewohnt. Die Hunde merken, daß er nicht wie ein Indianer riecht. Auch meine Fahrtgenossen sind von einer unerklärlichen Angst ergriffen; ihre deutliche Furcht überrascht mich; ohne daß ein Grund zu sehen wäre, haben ihre ruhigen Gesichter einen scheuen Ausdruck angenommen.

Der Unbekannte, das ganze Drum und Dran, bringt uns in Verwirrung. Erstens die Behausung: nie haben wir Indianer gesehen, die Schneehäuser bauten. Dann seine Kleidung: sie besteht nicht aus weichem Pelz wie in den Wäldern, vielmehr aus steifem, dickem Fell, ölig und mit borstigem Haar—aus Seehundsfell. Und das Gesicht verrät die fremde Rasse: ein breites knochiges Gesicht, ganz anders als die feingeschnittenen Profile der Indianer; die Züge sind häßlich, doch sie tragen einen überraschend friedlichen und wohlwollenden Ausdruck. Ich freue mich über meine erste Begegnung mit einem echten Eskimo.

Meine besorgten Gefährten beruhigen sich wieder, als sie bemerken, wie arglos und friedfertig er uns anblickt. Sie spähen umher: der Fremde ist allein, nirgends sieht man eine Spur von einer anderen Behausung.

Der Eskimo zeigt uns seine Schneehütte. Gebückt folgen wir ihm durch den tunnelartigen Eingang und gelangen in einen runden Raum mit gewölbter Decke. Für uns ist alles hier verwunderlich: sowohl die Schneebank, die als Bett dient, wie auch die übrige Einrichtung, die ganz im Zeichen des Seehunds und des Öls steht. Nirgends sieht man auch nur eine Spur von Holz, auch sonst nichts Pflanzliches. Alles stammt vom Seehund und vom Rentier; die Knochen und Sehnen lieferten die nötigen Bestandteile, um Werkzeuge und Geräte herzustellen; die Felle verwandeln sich zu Kleidern und Decken, und aus dem Fett wird das Öl gewonnen, das zum Heizen und Beleuchten dient.

Während wir begierig alle Einzelheiten in uns aufnehmen, wird unser Staunen immer größer. Wir bewundern die Genialität dieses Volkes: nur von den Tieren, den wenigen, die ihm der Hohe Norden bietet, gewinnt es alles, was es zum Leben braucht. Trotz allem Interessanten fühle ich mich in diesem übelriechenden Eiskeller nicht sehr wohl, und vor allem die Indianer verspüren einen unüberwindlichen, einen körperlichen Widerwillen.

Als wir wieder draußen an der frischen Luft sind, bemerken wir, daß auf dem gewölbten Dach der Schneehütte ein Kranz aus Leder angebracht ist, von welchem strahlenförmig viele dünne Streifen ausgehen. Offenbar stellt das Gebilde die Sonne dar. Ob es eine ähnliche Bedeutung hat wie die Stammeszeichen der Indianer? Ich frage den Einsiedler:

»Bist du ein ›Sohn der Sonne‹?«

Er weicht der Frage aus und erwidert einfach:

»Ich suche das Licht.«

»Auf welche Weise suchst du es?«

Er versteht uns, aber unsere Sprache fällt ihm schwer.

»Ich bin ein Zauberer«, erklärt er langsam. »Ich bin hier in die Einsamkeit gegangen, weil ich mich sammeln will. Wenn ein Zauberer die Menschen und das Leben verstehen will, muß er sie verlassen und nachdenken. Jedes Jahr gehe ich von meinem Stamm fort und ziehe mich in die Einöde zurück. Am Tage des Mondwechsels baue ich mir meine Schneehütte und dort bleibe ich. Am zehnten Tag bringt mir ein Verwandter Essen, am fünfundzwanzigsten noch einmal. Wenn der Mond wieder wechselt, gehe ich zu meinen Brüdern zurück.«

»Und was erfährst du, wenn du in der Einöde bist?«

»Alle wahre Weisheit findet man nur in der großen

Einsamkeit, fern von allen Menschen. Zur Weisheit gelangt man nur durch Leiden und Entbehrungen. Erdulden — nur das enthüllt dem Menschen, was für die anderen verborgen ist.«

FATA MORGANA

Noch am gleichen Abend wenden wir uns wieder südwärts, die kurzen Tage zwingen uns zur Eile. Das Licht der untergehenden Sonne macht die feinen Wellenlinien der weiten, weißen Ebene plastisch. Wir fahren wie durch einen goldenen Staubschleier: die Hunde wirbeln den Pulverschnee auf, der sie als leuchtende Wolke umgibt. Rings um uns glitzern schimmernde Reflexe.

Die Sonne ist umspielt von einem farbigen Lichtkreis und sonderbaren Kreuzen. Sie neigt sich dem Horizont zu. Ein Meer von Licht ergießt sich über uns, das untergehende Gestirn erglüht in tausend Farben.

Aber rasch rückt die Dämmerung auf uns zu. Die Sonne ist am Horizont verschwunden. Im gleichen Augenblick verwandelt sich der ganze Schauplatz. Der Schnee ist plötzlich grünlich, fahl, die Ebene, die noch eben strahlte, sieht jetzt tot und trostlos aus. Die Kälte dringt auf unsere Körper ein, auch das Gemüt erstarrt vor dem kalten und feindseligen Blick der winterlichen Wüste. Der Himmel leuchtet noch, doch von Westen kriechen große, grüne Schatten vor, und der rote Glanz erlischt. Die Stunde nach Sonnenuntergang ist grausam, hart, gefühllos; ihr gegenüber wirkt die Nacht fast freundlich.

»Mustagan, willst du heute kein Nachtlager machen?«

»Wir wollen weiterfahren, Herr. Morgen müssen wir tagsüber haltmachen, und der Wald ist noch sehr weit.«

Die Nacht hüllt uns ein. Vom prachtvoll hellen Glanz des Nordlandhimmels überstrahlt, eilen wir dem Süden zu. Erst gegen Morgen läßt Mustagan halten. Wir schlagen das Lager auf und nehmen unsere Abendmahlzeit ein. Die aufgehende Sonne beleuchtet vier Pelzhaufen, darunter liegen wir im ersten Schlaf.

Als die Abenddämmerung hereinbricht, starten wir zur Weiterfahrt. Der Schnee ist ausgezeichnet, die Hunde brauchen kaum gelenkt zu werden. Unser Führer setzt sich neben mich auf meinen Schlitten. »Denkst du, daß wir für längere Zeit unsere Fahrten in der Nacht machen?«

»Solange wir nach Süden fahren: ja. Am Tage, wenn die Sonne vom Schnee zurückgestrahlt wird, würde sie uns blind machen.«

»Ist die Sonne wirklich so gefährlich?«

»Herr, die Schneeblindheit bringt grausige Schmerzen. Du glaubst sie zu kennen, weil der Schnee dich zuweilen geblendet hat, aber die richtige Blindheit ist etwas anderes, viel Schlimmeres. Jeder Sonnenstrahl, der vom Schnee zurückgeworfen wird, dringt wie ein Pfeil in dein Auge und verletzt es. Zuerst beginnen deine Augen stark zu tränen. Dann stellt sich ein furchtbares Brennen ein, als wenn glühend heißer Sand ins Innere des Auges rieselte und es aufscheuerte. Wenn es anfängt weh zu tun, ist es schon zu spät, um das Übel abzubremsen; zwei, drei Stunden früher hätte man schon haltmachen müssen.«

»Hast du selber auch schon unter Schneeblindheit zu leiden gehabt?«

»Furchtbar, auf einer Fahrt, wo ich allein war. Drei Tage war ich völlig blind. Zum Glück bin ich dann ins Dorf zurückgekommen, dort hat der Zauberer mich gepflegt.«

»Du bist alleine weitergefahren, obwohl du blind warst? Wie hast du denn den Weg gefunden?«

»Herr, ein Führer vom Crice-Stamm findet immer seinen Weg. Er verirrt sich nie, weder nachts noch im Schneesturm, auch nicht, wenn er blind ist.«

Der neue Tag erhebt sich strahlend; die aufgehende Sonne erfüllt uns mit solcher Freude, daß wir noch eine gute Stunde weiterfahren. Dann gebietet Mustagan energisch halt. Als ich kurz darauf, in meine Pelze eingewickelt, daliege, kann ich nicht einschlafen, weil meine Augen heftig tränen; dann verspüre ich ein sonderbares Stechen, das sich zu einem schmerzhaften Brennen steigert. Glücklicherweise geht das Übel über dieses Anfangsstadium nicht hinaus, dennoch verbringe ich den Tag in großer Sorge und verkrieche mich tief unter meine Decken. Mustagans Vorsicht hat mich vor noch Schlimmerem bewahrt.

Der nächste Morgen bringt schlechtes Wetter. Wir fahren bei Tage. Der Sturm treibt uns den gefrorenen Schnee ins Gesicht, die spitzen Kristalle stechen wie Nadeln. Als wir abends unser Lager aufschlagen, ist es schon dunkel. Wir haben nirgends eine windgeschützte Stelle finden können.

Um ein Uhr weckt mich Mustagan und schüttelt große Massen Schnee von meinen Decken. Ich habe zwar ein wenig schlafen können, aber grausam gefroren. Es schneit ohne Unterbrechung. Um nicht zu erfrieren, machen wir uns auf, obwohl es mitten in der Nacht ist und der Schneesturm unvermindert weitertobt.

Im Laufe des folgenden Tages beruhigt sich das Wetter und die Sonne bricht durch die Wolken. Zwischen ziehenden Nebeln erblicken wir endlich die Wälder, nach denen wir uns so sehr sehnen. Ich atme voller Freude auf; Wald, das bedeutet, daß wir endlich wieder Holz für Lagerfeuer haben werden und einen Zufluchtsort, wo wir uns bei Sturm verkriechen können.

»Freu dich nicht zu früh, Herr. Der Wald ist noch sehr weit.«

»Wieso sehr weit? Da vorne ist er doch!«

Ein wirbelnder Windstoß erhebt sich, und mit einemmale ist der Wald verschwunden, genau so plötzlich, wie er aufgetaucht war. Das gleiche widerfährt uns an den folgenden Tagen noch mehrere Male: im Augenblick, wo die Luft besonders ruhig ist, täuscht uns eine Spiegelung das wunderbare Bild eines Waldes vor.

Wieder zwingt uns die starke Rückstrahlung der Sonne zu Nachtfahrten. Immer wieder muß ich an das Trugbild der Fata Morgana denken. Sollte auch das Bild des großherzigen Indianers, den ich nun seit Jahren suche, nur ein trügerisches Blendwerk sein? Ein schönes Wahnbild, aus der Ferne prächtig anzusehen, aber nie zu fassen, das immer weiter wegrückt, je weiter man ihm nachjagt?

Das eine Mal durch grelles Sonnenlicht mit Blindheit geschlagen, das andere Mal von Schnee und Sturm umpeitscht, so hasten wir den fernen Wäldern zu. Heute nacht ist das Fahren leicht, Mustagan sitzt neben mir auf meinem Schlitten.

»Wie findest du dich eigentlich zurecht, Mustagan, auf diesen endlosen Schneewüsten? Es gibt kein Zeichen, keinen Anhaltspunkt, weder Spuren noch Berge oder Felsen. Hast du keine Angst, daß du dich verirrst?«

»Nie.«

»Ob plötzlich ein Sturm losbricht, ob man vor Schneegestöber nichts mehr sehen kann, ob du auf den riesigen Seen, in den unergründlichen Wäldern von Unwettern überrascht wirst — niemals zögerst du. Bei Tag wie bei Nacht bewegst du dich immer mit unglaublicher Sicherheit. Wie machst du das bloß?«

»Herr, ich weiß es nicht. Erklären kann ich es selber nicht. Ich spüre eben, ich muß in diese Richtung gehen und nicht in jene. Ich kenne nicht den Weg, aber trotzdem weiß ich, daß ich dahin kommen werde, wo ich hin muß.«

»Selbst, wenn die Sonne dich blind gemacht hat, hast du keine Angst, du könntest dich verirren?«

»Nein, auch dann nicht. Ich kann völlig blind sein und vor dem Weg, den ich gehe, gar nichts sehen — und gehe trotzdem da hin, wo man mich erwartet. Und du selber, Herr, weißt denn du, wohin du gehst? Kennst du deinen Lebensweg? Lange hast du mich nach Norden fahren lassen, du konntest nicht sagen: warum. Wußtest du, daß du den Eskimozauberer treffen würdest?«

»Nein, das habe ich nicht gewußt.«

»Und jetzt, nachdem wir diese lange, mühevolle Reise unternommen haben, nur wegen dieses einen Menschen — jetzt bist du zufrieden; du weißt, daß du immer weiterfahren mußtest, bis zu ihm. Und heute, weißt du heute, wo du hingehst? Bald werden wir wieder zu Menschen kommen, glaubst du, daß sie dich erwarten? Weißt du, was für Indianern wir begegnen werden?«

»Nein, Mustagan.«

»Du, Herr, du bist ein ›Führer des Großen Geistes‹ — findest du deinen Weg nicht auf die gleiche Weise wie wir, die indianischen Pfadfinder? Du kennst nicht den Weg, du weißt aber, daß du dorthin kommen wirst, wo du hin sollst. Ohne zu wissen, wieso, nur durch Vertrauen gelangst du an den Ort, wo du erwartet wirst.«

Im Dunkeln sehen wir, daß wir an einzelnen Baumgruppen vorüberkommen. Langsam wird der Baumbestand dichter, und schließlich, beim Aufgang des Morgensterns, erreichen wir den Saum des Waldes. Die Hunde bellen freudig, traben immer rascher, denn ein langersehnter Geruch zieht sie mächtig an. Als der erste Strahl der Morgendämmerung heraufsteigt, landen wir auf einer Lichtung, wo wir plötzlich Wigwams sehen.

Das kleine Dorf ist halb begraben unter lauter Schnee. Die Hütten drängen sich zusammen und suchen Schutz hinter ungeheuren Schneewällen, und die Bäume ringsherum biegen sich unter dem Gewicht der winterlichen Hülle. Endlich begegnen wir nun wieder Menschen, und seltsamerweise treibt uns hier ein viel stärkeres Verbundenheitsgefühl zu ihnen hin als vorher auf den Schneewüsten. Die ärmlichen Hütten, die eng zusammenkriechen in der Last des Winters, machen die Verlassenheit und Einsamkeit des Menschen spürbar.

Das Gebell der Hunde weckt die Bewohner aus dem Schlaf. Wir werden herzlich aufgenommen. Am Abend versammeln wir uns um das Lagerfeuer. Ich sage, mit welchem Ziel ich hergekommen bin, und erzähle von der Liebe Gottes, vom Leben Jesu. Die Stunden verrinnen, keiner zählt sie. Man hört, wie die Bäume ächzen, wenn der Sturm in ihre Kronen fährt. Der Widerschein des Feuers glänzt auf den aufmerksamen, kupfrigen Gesichtern, die sich über das Mysterium ihres Lebens neigen.

Der Häuptling erhebt sich und sagt mit freundlicher und aufrichtiger Stimme:

»Was du gesprochen hast, erfüllt mein Herz. Über den Großen Geist zu hören, gerade darauf hatte ich gehofft.«

Dann tritt ein wild aussehender, alter Mann vor. Seine

grauen Haare sind zu einem Zopf geflochten, der bis zu den Knien reicht.

»Missionar«, sagt er ernst, »es hat eine Zeit gegeben, wo diese Haare schwarz wie Rabenflügel waren, jetzt sind sie beinahe weiß. Die grauen Haare und die Kindeskinder sagen mir, daß ich alt werde . . . Wie froh bin ich, daß ich nicht gestorben bin, bevor ich diese schöne Geschichte hören konnte! Aber ich bin alt . . . Bleibe doch noch hier, erzähle uns noch mehr von diesen Dingen . . . Ich werde nicht mehr viele Winter sehen: komm bald wieder!«

Er will auf seinen Platz zurückgehen, aber nach zwei Schritten kehrt er wieder um und stellt sich vor mich.

»Missionar, darf ich weiter sprechen?«

»Gewiß, ich bin hier, um euch anzuhören.«

»Du hast gesagt: Notawenan! (Unser Vater).«

»Ja, das habe ich gesagt: Unser Vater.«

»Das ist für uns etwas ganz Neues, Schönes. Wir haben nie gedacht, daß der Große Geist ein Vater wäre. Wir hören ihn im Sturm und im Gewitter und wir haben Angst vor ihm, aber nun hast du uns gesagt: er ist ein Vater, das ist herrlich für uns.«

Er zögert einen Augenblick, dann sieht er mich an und fragt wieder:

»Darf ich weiter sprechen?«

»Aber sicher, sprich!«

»Du sagst Notawenan (Unser Vater): ist er dein Vater?«

»Ja, er ist mein Vater!«

»Und heißt das, daß er auch mein Vater ist, der Vater des armen Indianers?«

Seine Augen und der Ton in seiner Stimme flehen um Antwort.

»Aber sicher«, sage ich, »auch deiner.«

»Dein Vater«, wiederholt er, »der Vater des Missionars und der Vater des armen Indianers.«

»Ja, so ist es.«

»Dann sind wir ja Brüder«, ruft er aus.

»Genauso ist es«, wiederhole ich.

Eine Welle der Begeisterung geht durch die Versammlung. In diesem Moment, wo ihnen das Gespräch nicht nur die Vaterschaft Gottes, sondern auch die Einheit der menschlichen Familie so unerwartet und lebendig vor Augen führt, können sie ihre Freude kaum mehr beherrschen.

Der Alte ist indessen noch nicht fertig. Mit einer Geste beschwichtigt er die Freudenbekundungen, wendet sich mir wieder zu und fragt zum drittenmal:

»Darf ich weitersprechen?«

»Ja, sage alles, was du auf dem Herzen hast . . .«

»Gut. Ich will nicht hart und streng sein, mir scheint aber, es ist sehr viel Zeit vergangen, weißer Bruder, ehe du mit deinem großen Buch hierher gekommen bist und deinen roten Brüdern in den Wäldern diese kostbare Geschichte erzählt hast.«

Der Ernst dieses Ausspruches, und nicht weniger seine Richtigkeit, macht mich tief betroffen. Dann, als das erste Erschrecken vorüber ist, ergreift mich eine tiefe Bewegung über diesen Hunger nach dem Evangelium; ich staune über die Tiefe der religiösen Intuition bei diesem primitiven Heiden: bei der ersten Begegnung schon erfaßt er Gottes Liebe und freut sich über die Bruderschaft der Menschen. Welche Weite des Blicks, welch wunderbarer Aufschwung des Glaubens!

Am nächsten Morgen müssen wir uns trennen. Wir lassen die verschneiten Wigwams hinter uns. Mustagan fährt einen Umweg; auf einer Anhöhe verneigt er sich mit großer Ehrfurcht vor einem überschneiten Hügel. Das Grabmal trägt als Zeichen Adlerfedern.

DIE BIBER

Wie sehr freuen wir uns nach dem langen, harten Winter auf den Frühling! Mit großer Ungeduld warten wir darauf, daß die Seen und Flüsse auftauen. Jedes Jahr, vor der großen Sommerfahrt, pflege ich mit Frau und Tochter einen der benachbarten Stämme zu besuchen. Über diesen Familienausflug freuen wir uns immer wie Kinder; schon lange vorher überlegen und planen wir, und in der Vorfreude ertragen wir geduldig die abscheulichen Wochen der Schneeschmelze.

Im Mai 1843 steigen wir beglückt und fröhlich ins Kanu. Unser einziger Begleiter ist Kahwonaby. Wir beide rudern, Maria und Eugenie betrachten entzückt die erwachende Natur. Wir folgen dem gewundenen Lauf der Flüßchen, die friedlich dahinströmen, wir entdecken kleine, stille Buchten und gleiten durch hängende Zweige hindurch. Unter den Bäumen erwachen überall die Leberblümchen, die Lichtungen sind übergrünt von zarten jungen Farnwedeln.

Als es Abend wird, stellen wir das Zelt auf und richten eine Lagerstatt aus Zweigen her. Maria und Eugenie gehen unterdessen noch ein wenig am Ufer entlang und bewundern den Widerschein der untergehenden Sonne auf dem Wasser. Plötzlich erblicken sie einen schwarzen Bären, der schwimmend das Gewässer überquert. Ganz in ihrer Nähe klettert er an Land. Die beiden erschrecken — der Bär zum Glück nicht weniger. Mit langen Sätzen flüchtet er ins Dikkicht.

Am nächsten Tage fahren wir geräuschlos einen kleinen stillen Fluß hinauf — vielleicht bekommen wir einen Hirsch zu sehen oder Wasservögel. Plötzlich fahren wir zusammen: ganz in der Nähe bricht ein Baum um. Kahwonaby lächelt schelmisch, lenkt das Boot zur Mündungsstelle eines kleinen Nebenflüßchens und legt an, am Fuß eines sonderbaren Dammes. Wir steigen an Land und gehen leise um das Hindernis herum; vorsichtig klettern wir auf einen kleinen Erdhügel, legen uns dort in das frische Grün und schauen mit erstaunten Augen auf die andere Seite: unmittelbar vor uns arbeitet emsig und geschäftig eine Kolonie von Bibern.

Die possierlichen Tiere eilen unermüdlich hin und her, eines hilft dem anderen, jedes leistet seinen Teil am gemeinsamen Werk. Sie haben quer durch den Fluß einen Staudamm gebaut, er ist zwei Meter hoch und zwanzig Meter lang, und oberhalb davon hat sich ein hundert Meter langer See gebildet. In einiger Entfernung vom Ufer erheben sich die seltsamen Kuppeln, die Behausungen der Biber.

Die eine Gruppe arbeitet oben auf dem Staudamm, andere schwimmen im Wasser. Sie sind eifrig beschäftigt, einen Riß zu reparieren. Der durch das kürzliche Unwetter angeschwollene Fluß hat weiter oberhalb einen Baumstamm mitgerissen und wie einen Rammklotz gegen den Damm getrieben, in dem nun eine Lücke klafft. Nun rinnt das Wasser durch die Bresche und nagt an den Rändern: der Schaden muß rasch behoben werden, bevor er sich verschlimmert. Eine andere Gruppe Biber fällt am Rande des Teiches überhängende Bäume: mit ihren Zähnen nagen sie die Stämme an, bis sie umbrechen. Das war das Krachen, das wir gehört hatten. Drei weitere Tiere sind damit beschäftigt, die gefällten Stämme in handliche Abschnitte zu zersägen. Dabei fressen sie die Rinde; die Arbeit für die Gemeinschaft gibt ihnen gleichzeitig die Nahrung. Zwei Transportarbeiter schaffen dann die Stücke bis zum Damm, schwimmend schieben sie sie quer durch den See. Bewundernswert, wie planvoll die Arbeit dieser Tiere organisiert ist! Alle ordnen sich ein und schaffen mit am gemeinsamen Werk.

Kahwonaby sieht bewundernd zu. Zwar ist das Schauspiel für ihn durchaus nichts Neues, und unsere erstaunten Mienen amüsieren ihn. Offensichtlich hat er vor den Bibern große Achtung, und er erklärt uns liebevoll, wie sie leben. Die Feinde des Bibers sind die fleischfressenden Raubtiere, vor ihnen sucht er sich durch einen trennenden Wasserstreifen zu schützen. Die zur Kolonie gehörigen Biber graben sich zunächst in die Böschung eines Flüßchens ihre Löcher und polstern sie mit Reisig aus. Dann errichten sie den Staudamm, damit der Wasserspiegel bis über die Eingangslöcher ihrer Baue steigt, und diese so für ihre Feinde unzugänglich werden. Der Deich wird hergestellt aus Stämmen und dazwischen eingeflochtenen Ästen, deren Rinde sorgsam abgeschält wird; zum Ausstopfen der Zwischenräume dienen Zweige und biegsame Stöckchen. Dann holen sich die Biber an sumpfigen Uferstellen Schlamm, nehmen ihn ins Maul und bringen ihn zu ihrem Damm. Dort schließen sie ihn mit ihren Pfoten in die Ritzen und verbinden die Stämme und Äste so zu einem einheitlichen Baukörper, der am Schluß so wasserdicht und fest wie eine Mauer ist.

Das gestaute Wasser steigt, bildet einen See und überflutet die Eingänge der Bauten, dann auch diese selbst. Nun erweitern sie die Baue nach oben, indem sie mit Holzspänen vermischten Schlamm darauf häufen. Im Laufe der Zeit wachsen diese Kuppeln immer höher empor. Denn der Damm wird von den Bibern laufend erhöht, so daß der Wasserspiegel ständig steigt. Am Schluß sind die Behausungen der Tiere ganz von Wasser umgeben und liegen nun mitten im Stausee. Seine Schlafkammern richtet sich der Biber in dem Teil des Hauses ein, der hinausragt, aus Moos und trockenem Laub baut er sich ein warmes Nest. Die Wohnung hat zwei Eingänge: den alten, der nun unter Wasser liegt und von dem ein Gang nach oben führt, und einen zweiten in der Höhe des Wasserspiegels.

Mit Begeisterung schildert uns Kahwonaby die erstaunliche Zusammenarbeit dieser Tiere; er zeigt uns, wie alle ihre Körperteile in bewundernswerter Weise ihrer Lebensweise angepaßt sind: der beschuppte, flache Ruderschwanz; die fächerförmigen Vorderpfoten mit den Schwimmhäuten; die spitzen Krallen, geeignet zum Graben und zum Greifen von Holz; der dichte, prächtig weiche Pelz, der vor dem kalten Wasser schützt.

Am liebsten blieben wir noch stundenlang und sähen zu, jedoch wir müssen zum Kanu zurück. Als wir weiterfahren, hören wir, wie wieder ein Baum krachend in den See stürzt.

Das Erlebnis mit den Bibern hat uns entzückt, und gerührt hat uns auch Kahwonabys liebevolle Sympathie für sie. Ich habe ihn gern, unseren Steuermann: stark und energisch und von lauterer Gesinnung, berührt er unsere Herzen immer wieder durch sein überraschend großes Zartgefühl. Was für edle und liebenswerte Charaktere entdecken wir doch unter den Rothäuten, die an unserer Seite leben!

Wenige Tage später erreichen wir das Dorf, das unser Fahrtziel ist. Wir treffen dort eine Indianerin wieder, die während des vorigen Sommers in Norway House gewesen ist und dort die Kunde von Gott vernommen hat. Beglückt kommt sie auf uns zu:

»Ayumeavookemou, ich habe zum Großen Geist gebetet. Meine kleine Tochter war sehr krank geworden, ich hatte Angst, sie würde sterben. Da habe ich sie in die Arme genommen und bin niedergekniet und habe dem Großen Geist gesagt, was ich in meinem Herzen fühlte. Er hat Erbarmen gehabt, mein Kind ist gesund geworden. Gott hat es mir wiedergeschenkt.«

»Und wie hattest du gebetet?«

»O Großer Geist«, habe ich gesagt, »erbarme dich doch und vergib mir alle meine Schlechtigkeiten; bewahre mich vor der Sünde; segne meinen Mann und meine Kinder, gib uns allen ein gutes Leben. Ich vertraue auf Jesus, und ich glaube, daß er an einem Kreuz gehangen hat, um mich zu erlösen. Ich bin sehr glücklich.«

Meine Frau ist tief gerührt, daß im Herzen dieser Mutter ein so demütiger und vertrauensvoller Glaube lebt.

Auf der Rückfahrt folgen wir einem anderen Flußlauf. Auf einer Lichtung tauchen zwei Indianergräber auf. Das Ruder fällt mir plötzlich aus der Hand, eine ungewöhnliche Bewegung überkommt mich, und ich merke, wie ich zittere, denn wieder rührt mich das Geheimnis an, das mich verfolgt: auf jedem der Gräber ragt als Zeichen ein Rentiergeweih.

Wir fahren zum Ufer. Die Gräber sind sauber mit Birkenrinde belegt; mehrere der Rindenstücke tragen Kohlezeichnungen von Rentieren. Reste von Holzasche auf den Grabhügeln zeigen, daß die Gräber erst kürzlich besucht worden sind und daß das »Geistermahl« gefeiert wurde. Die Indianer glauben nämlich, daß die Seele des Verstorbenen an dem Ort bleibt, wo der Körper begraben worden ist, und daß sie sich von der Nahrung, die die Verwandten auf dem Grabe zu sich nehmen, ihren Anteil nimmt. Daher werden Fisch- und Fleischstücke ins Feuer gestreut, die für den Gestorbenen bestimmt sind.

Kahwonaby sagt: »Die hier begraben sind, gehören zum Stamm der Rentiere. Der Stamm wohnt sehr weit von hier, im Nordwesten, am unteren Mackenzie.«

Ich höre; mein Verstand nimmt die Worte gierig auf, aber es wäre mir unmöglich, an dieser Stelle Kahwonaby weiter auszufragen. Ich fühle mich durch die Begegnung mit dem Rentierzeichen stark beeindruckt. Schweigend gehen wir zum Boot zurück.

Die Windungen des Flusses entziehen den Grabplatz unseren Blicken. Ich bleibe stumm, ich wage nicht zu sprechen. Es ist seltsam — seit dreißig Jahren ist das Rentierzeichen das Symbol meiner Wünsche, und nun habe ich Angst davor, mir von Kahwonaby seine Bedeutung erklären zu lassen. Wird nicht der Reiz des Geheimnisvollen dann zerstört werden?

Ich fürchte außerdem, in Kahwonaby etwas aufzurühren, was ihn verwirren könnte: er ist Christ, gewiß, aber seine Seele wurzelt dennoch in den Traditionen seiner Sippe. Drückt sich die Verbundenheit mit seinen Ahnen nicht in dem Zeichen seines Stammes aus? Würde meine Frage nicht in seinem Herzen einen Zwiespalt zwischen Gott und seinen menschlichen Gefühlen wecken?

Oder habe ich im Grunde Angst vor mir selber? Woher kommt es, daß dieses heidnische Symbol mich so berührt?

Daß der Anblick der Gräber mich bewegt hat, ist Kahwonaby nicht entgangen. Er merkt, daß meine Gedanken sich auch jetzt damit beschäftigen, und respektiert mein Schweigen.

Am nächsten Tage rasten wir. Es ist ein leuchtend heller Sonntag, auf einer Lichtung haben wir uns niedergelassen. Neben uns murmelt heiter eine Quelle, die Knospen an den Sträuchern schwellen, manche sind schon aufgesprungen, aus ihnen quillt das erste zarte Grün der Blätter. In der ganzen Luft um uns schwingt Frühlingshoffnung.

»Kahwonaby, ich möchte dich etwas fragen.«

»Herr, ich höre.«

»Du hast doch gestern auf den Gräbern die Rentiergeweihe gesehen. Was bedeutet dieses Zeichen eigentlich?«

»Ich will dir mit meinem Herzen antworten, Missionar. Du weißt, ich bin Christ. Aber trotzdem liebe ich das Zeichen meines Stammes: den Biber. Ich bin ein Sohn des Bibers. Der Biber ist unser Totem.

Herr, sieh die Kätzchen an den Weiden; könnten sie aufblühen, wenn sie nicht von einem alten Stamm genährt würden? Und würden im Frühjahr die jungen Birkenblätter sich entfalten, wenn nicht aus den alten Zweigen Saft in sie hineinströmte?

Das Totem des Bibers gab mir mein Vater; er selber hatte es von seinem Vater. Seit unzähligen Geschlechtern sind wir Söhne des Bibers. Nach mir werden meine Söhne dieses Zeichen tragen, und meine Söhne werden es an ihre Söhne weitergeben. Wenn ich das Totem aufgäbe, würde ich das Band, das mich mit meinem Stamm verknüpft, durchschneiden. Vor allem aber würde ich dann treulos gegen meine Väter; und das wäre für mein Herz das Schmerzlichste.«

»Ich kann deine Treue gut verstehen, Kahwonaby.«

»Herr, der Biber sagt mir noch mehr. Jeder Indianer trägt in seinem Herzen ein Ziel, dem er nachstrebt und durch das er lebt. Der eine will listig wie der Fuchs sein, der andere möchte gefürchtet werden wie der Wolf; ein dritter strebt danach, stark wie der Bär zu sein oder schnell wie der Hirsch. Jeder Mann nimmt sich das Totem seines Stammes zum Vorbild.«

»Das Totem ist also ein Ideal, dem er nachstrebt?«

»Mehr als das, Herr, ein Verbündeter und Helfer für sein ganzes Leben. Jeder schließt mit seinem Totem einen Pakt: er verehrt und schont es und tut alles, um es nicht zu beleidigen; seinem Totemtier fügt er nie einen Schaden zu, er achtet es, macht mit ihm ein Bündnis und vertraut ihm. Und das Totemtier beschützt ihn dafür und macht sein Leben stark.«

»Du selber, Kahwonaby, glaubst du auch noch, daß das Totem für seine Getreuen etwas tun kann?«

»Herr, laß mich dir erklären, was in meinem Herzen ist. Ich habe dir gesagt, unser Totem ist der Biber. Als ich klein war, hatte ich oft Streit mit meinen Brüdern; manchmal war der eine auf den anderen neidisch und jeder ging allein auf Jagd. Aber wenn wir das Wild nach allen vier Richtungen jagten, mußten wir uns gegenseitig schaden. Da rief der Vater uns zu sich und sagte: ›Kinder, ihr seid Söhne des Bibers: seht euch an, wie sie leben, beobachtet sie, wie sie ihre Wohnungen bauen. Arbeitet der eine, ohne auf den anderen zu achten? Fügen sie sich gegenseitig Schaden zu? Kinder, der Biber weiß, daß für ihn nichts gut und nützlich sein kann, wenn es nicht auch für seine Brüder gut ist.‹

Eines Tages sagten wir zu unserem Vater: ›Warum gehst du mit dem ganzen Dorf gemeinsam auf die Jagd, du hast doch genug, um unseren Wigwam sattzumachen?‹ Der Vater antwortete wieder: ›Kinder, seht die Biber an. Richtet jeder seine Hütte ein, ohne daß er mithilft am Staudamm?

Bauen sie den Damm nicht alle gemeinsam? Sind sie neidisch aufeinander? Sagt der eine: ›Ich will keine Bäume fällen!‹ und ein anderer vielleicht: ›Schlamm holen, nein, das will ich nicht!‹ Sagt etwa einer: ›Die, die nur das Holz durchs Wasser schieben, sind Faulpelze!‹ oder: ›Wer die jungen Äste schält, ist verfressen!‹ Kinder, der Biber weiß, wenn er für die ganze Kolonie arbeitet, schützt er seine Hütte. Ihr seid Söhne des Bibers, macht es wie er und ihr werdet glücklich sein.‹

So sprach unser Vater. Und unsere Kinderherzen schlossen ein Bündnis mit dem Biber. Unser Totem leitete uns bei jedem Werk, es schloß den ganzen Stamm zu einer Brüderschaft zusammen. Auch jetzt noch glaube ich, mein Stamm wird solange stark sein, wie seine Söhne den Biber ehren. An dem Tage aber, wo sie das Totemtier vergessen, wird der Streit sich einschleichen, die Selbstsucht wird uns voneinander trennen und unser Glück wird dahin sein.

Missionar, begreifst du nun, warum mein Herz mir sagt: der Biber lehrt dich, wie man lebt — verehre ihn, dann wird er dich behüten, dich und deine Kinder nach dir, genauso wie er deine Väter auch behütet hat!«

»Ich verstehe, wie der Biber damals deinen Geist geformt hat. Aber brauchst du ihn auch jetzt noch?«

»Herr des Gebets, ich verehre den Biber aus Treue und aus Dankbarkeit. Ich liebe ihn auch heute noch, weil er mir eine Hoffnung gibt. Weil ich ein Totem habe, kann ich leben, und dank dem Totem kann ich auch sterben. Du hast das Totemzeichen auf den Gräbern gesehen: es bezeugt die Treue des Gestorbenen gegen seinen Stamm, und ebenso die Anhänglichkeit des Stammes an die Verstorbenen. Das Totem auf meinem Grabe sagt mir: Du kannst ruhig sterben, der Biber wird deine Kinder behüten. Dein

Leben mit seinen Mühen war nicht umsonst, deine Kinder werden es fortsetzen. Sie werden immer zahlreich sein, das Zeichen des Bibers wird sich verbreiten. Es wird ein Tag kommen, wo die Söhne des Bibers das ganze Land erfüllen. Und wenn sie ihrem Totem treu bleiben, werden sie sich wie Brüder verstehen und einträchtig und in Frieden zusammenleben.

Auch werden sie zu ihren Nachbarn sprechen. Sie werden allen sagen: lebt wie die Söhne des Bibers. Von diesem Tage an wird unter allen Stämmen Glück und Friede herrschen. Kann es für die Söhne des Bibers eine schönere Hoffnung geben?

Missionar, ich bin Christ; begreifst du, daß ich trotzdem der Hoffnung meines Stammes treu bleiben kann?«

Hinter den grünenden Zweigen neigt sich die Sonne dem Untergang zu. Eine Biene schwebt summend über die Lichtung, sie trägt eine Ladung kostbaren Honigs zum Bau ihres Volkes. Vor unseren Füßen schleppen zwei Ameisen gemeinsam ein Stöckchen, eine riesige Last, auch bei vereinten Kräften. Die Natur spricht zu uns mit ihren tausend Stimmen. Kahwonaby versteht wunderbar ihre Sprache.

»Siehst du die kräftige Fichte, Herr, die der Sturm dort umgeweht hat? Sie stirbt. Aber der Stamm wird wieder grün durch Moos und vielerlei Pflänzchen, der Wind hat den Samen hingetragen. Junge Bäume wachsen empor, mit ihren Wurzeln saugen sie Kraft aus dem alten Stamm. Die jungen Fichten leben durch den Vorfahren; und die alte Fichte vermodert und gibt ihren Leib den Nachkommen zur Nahrung. Und wir, wachsen wir nicht in ähnlicher Weise auf, saugen wir nicht unseren Saft aus dem alten Stamm unserer Sippe? Wir meinen, wir kämen gänzlich neu zur

Welt, unabhängig von den Vorfahren, aber alle Wurzeln unseres Daseins senken sich in den Stamm, der sie ernährt, und klammern sich in ihm fest.

Und so, Herr, lebe ich im Biber; und wenn der Biber in mir lebt, läßt er in meinem Herzen Treue und Brüderlichkeit und Frieden bleiben. Und weil mein Geist diesem Weg gefolgt ist, verstehe ich jetzt, wie ich in Christus leben kann. Wenn Christus in mir ist, ist er mein Leben, und in meinem Herzen läßt er Glauben, Liebe und Hoffnung wachsen.«

Kahwonaby hat mir sein Herz geöffnet. Er schweigt. Was kann ich hinzufügen? Die Art, wie er von den Bibern spricht, hat mich gerührt; ich empfinde eine große Achtung vor der Liebe, mit der er sein Totem verehrt.

Nachdenklich betrachte ich den vom Geist seines Stammes geprägten Indianer, der jetzt Christ ist. Von wo kommt ihm sein gütiges Wesen? Warum hat er die Wahrheit des Evangeliums besser verstanden als alle anderen? Sollte es daher rühren, daß er ein »Bibersohn« ist? Heute folgt er mit Freude dem Weg Jesu Christi: er hat sein Herz empfänglich gemacht, in dem er dem Pfad folgte, den sein Totem ihm vorzeichnete. Was für herrliche Seelen wachsen aus dem Boden dieser Rasse, wenn ihre edlen Keime sich im Licht des Evangeliums entfalten. Ach, wenn doch der Indianer aus meinen Kindertagen hier wäre! Würden sich die beiden nicht wunderbar verstehen?

Eine Frage brennt mir auf den Lippen:

»Kahwonaby, ich verstehe, was der Biber dir sagt; kannst du mir auch erklären, was das Rentier bedeutet?«

In der Frage schwingt das Geheimnis meines Indianers; werde ich nun endlich erfahren, welches Bild in seiner Seele glüht?

»Herr, nur die Söhne des Rentiers könnten dir erklären was das Rentier sagt.«

Der Schleier, kaum gehoben, sinkt wieder herab. Nur noch brennender wird das Verlangen, den Indianer, der mein Leben bestimmt hat, zu finden. Eines weiß ich jetzt — die Söhne des Rentiers leben an den Ufern des Mackenzie.

GLAUBENSKAMPF

EIN ERNSTER KONFLIKT

Ich fürchte mich davor, mich in einen Kampf mit der Hudsonbay-Gesellschaft einzulassen. Ihre Vertreter haben mich in Norway House zwar äußerst freundlich aufgenommen, und mehrere Jahre haben wir in aufrichtiger und herzlicher Eintracht zusammen gelebt, aber nun ist ein Zwiespalt aufgebrochen. Da keiner von uns nachgeben will, weder die Gesellschaft noch ich, kann die Sache ernst werden. Es geht um die Frage, ob die Indianer, die Christen geworden sind, das Recht haben, den Sonntag als Ruhetag zu achten.

Kanada hat seine Haupterwerbsquelle im Pelzhandel. Zwischen Weißen und Indianern vollzieht er sich in Form von Tauschgeschäften, bei denen die europäischen Händler ihren Vorteil zu wahren wissen. Schon im Anfang des 17. Jahrhunderts bildete sich eine Firma mit dem Ziel, die Handelsmöglichkeiten auszubauen und davon zu profitieren: die berühmte Hudson's Bay Company.

Ihre ersten Niederlassungen — sogenannte Faktoreien — gründeten sie an den Ufern der Hudsonbucht, dann auch an

den Großen Seen. Da die Geschäfte blühen, drang sie allmählich auch ins Innere des Landes vor, wo ein Heer von
indianischen Jägern die kostbarsten Pelze für sie erbeutete.
Die Gesellschaft beherrscht auch den ganzen übrigen Handel
in Innerkanada; sie organisiert die Transporte und stellt
die Verbindungen her. Ihr Einfluß ist so groß, daß sich niemand mit ihr messen kann, und ihre reichverzweigte Macht
erstreckt sich über Tausende von Kilometern.

Die wichtigsten Zentren dieser Macht sind die Faktorei
in York an der Hudsonbucht und Norway House an der
nördlichen Spitze des Winnipegsees. Dort werden die aus
England hergeholten Waren gegen Pelze eingetauscht. Ver-
streut über das ganze Innere des Kontinents liegen viele andere Stationen, manche drei-, ja viertausend Kilometer weit
entfernt. Verkehrsmöglichkeit zwischen ihnen und den
Zentren besteht nur einmal im Jahre, auf dem Wasser-
weg.

Je weiter die Firma ihre Außenposten west- und nord-
wärts vorschiebt, desto mehr verschärft sich das Transport-
problem. Die Entfernungen und die zu überwindenden
Schwierigkeiten sind so gewaltig, daß die Kanus die Strek-
ke vom Inneren des Landes bis zum Meer nicht in einem
Sommer zurücklegen können. Früher waren die Pelze zwei
bis drei Jahre unterwegs, wodurch sich ihr Zustand natürlich nicht verbesserte. Es hat Sendungen gegeben, die sieben
Jahre brauchten, um nach London zu gelangen.

Um solche Verzögerungen zu vermeiden, wirbt die Firma unter den Indianern handfeste Rudermannschaften an,
auf deren Schnelligkeit sie sich verlassen kann. Sie verlangt
von ihnen während der Sommermonate eine ungeheure,
pausenlose Kraftanstrengung; denn es geht darum, die im
vorhergehenden Winter erbeuteten Pelze vor Beginn des

Herbstes in die Seehäfen zu bringen, bevor die Schiffe abfahren — und die Schiffe haben es immer sehr eilig, weil die Hudsonbucht in der kalten Jahreszeit gefährlich ist.

Die längsten dieser Transporte, die aus dem Becken des Mackenzie kommenden, wickeln sich folgendermaßen ab: Der eine Teil der kanadischen Gewässer fließt nach Norden, wird zu Nebenflüssen des Mackenzie und ergießt sich ins Eismeer. Ein anderer Teil wendet sich nach Süden und Osten, strömt in den Saskatchewan, geht durch den Winnipegsee hindurch und mündet in die Hudsonbucht. Die Wasserscheide zwischen diesen beiden Tieflandbecken bildet eine langgestreckte Berggegend, das sogenannte »Hochland«.

Sobald im Frühjahr die Gewässer auftauen, machen die Kanutrupps aus dem Norden und dem Westen sich auf den Weg nach dieser Wasserscheide, beladen mit den Pelzen, die im voraufgegangenen Winter zusammengebracht wurden.

Zu der gleichen Wasserscheide streben von der anderen Seite auch die Kanus von Norway House. Im Sommer vorher haben die Ozeanschiffe Lebensmittel und Tauschwaren von England zur Hudsonbucht gebracht, von dort sind die Ladungen auf dem Nelsonfluß noch vor dem Winter nach Norway House gerudert worden. Wenn die Flüsse wieder frei sind, meist im Juni, verlassen die Kanutrupps Norway House, fahren den Saskatchewan hinauf und erreichen auch ihrerseits das »Hochland«. Dort tauschen die Mannschaften ihre Waren aus, nach dem für die Firma so vorteilhaften System. Dann fahren beide Parteien zurück, um ihren Ausgangspunkt noch vor dem Winter zu erreichen, die eine mit kostbaren Pelzen, die andere mit Proviant und warmen Stoffen. Aber auf die Ruderer von Norway House wartet dann noch eine weitere Arbeit: so rasch wie möglich müssen sie den Nelsonfluß hinab bis zur Bucht fahren, um die Pelze auf die Schiffe zu bringen und das Tauschgut für das nächste Jahr zu holen.

So eilen auf dem ganzen ungeheuren Konzessionsgebiet der Firma die Kanutrupps Tag für Tag und unermüdlich ihren Zielen zu. Bei den vielerlei Gefahren und Strapazen dieser Fahrten vollbringen die Indianer heldenhafte Leistungen. Ihre Führer haben viel Erfahrung; mit erstaunlichem Geschick leiten sie die ihnen anvertrauten Menschen und Waren durch alle Fährnisse. Je schneller und sicherer sie ihren Trupp zum Ziel zu bringen wissen, desto höher werden sie geachtet und bezahlt. Begreiflicherweise liefern sich die einzelnen Führer und Mannschaften erbitterte Wettkämpfe, und der Ehrgeiz treibt die Ruderer, ihre Kräfte bis zum letzten auszuschöpfen.

Am anstrengendsten sind die »Tragstrecken«. Ein Teil der Männer schleppt die großen Kanus, während die anderen sich das Frachtgut auf den Buckel laden, jeder etwa vierzig Kilo. Mit dieser Last, von den Führern ständig angetrieben, hasten sie im Eilschritt vorwärts, auf schlechten, oft schwierigen und felsigen Fußpfaden.

Sobald sie wieder im Kanu sitzen, ergreifen sie die Ruder und fahren weiter die endlosen Flüsse hinauf. So hasten die indianischen Mannschaften auf dem Wasser und auf Tragstrecken ohne Pausen ihren Zielen zu, von dem Moment an, wo das Eis der Seen und Flüsse aufbricht, bis zur Wiederkehr des Frostes im September. Oft gelangen die zuletzt gestarteten Kanutrupps nicht mehr an den Zielort, sondern werden unterwegs vom Winter überrascht. Das verzögert das Eintreffen der Pelze um ein ganzes Jahr, dadurch verschlechtert sich ihr Zustand, und die Firma hat beträchtliche Verluste.

So also hat die allmächtige Hudsonbay-Gesellschaft den Handelsbetrieb aufgezogen. Mehrere Jahre habe ich mit den englischen Geschäftsführern in bestem Einvernehmen gelebt, sie waren froh, daß ein Seelsorger sie in ihrer Einsamkeit besuchte. Aber jetzt entstehen immer größere Schwierigkeiten, weil ich die Indianer anweise, den Sonntag als Ruhetag zu feiern.

Der Konflikt ist offen ausgebrochen. Nachgeben kann ich nicht, es handelt sich um eine wesentliche Frage. Auch auf meinen längsten und eiligsten Fahrten gebe ich dem Sonntag immer den ihm gebührenden Platz und beschneide nicht die Zeit, die dem Gebet gewidmet ist. Die Indianer lehre ich, daß sie den Sonntag heiligen müssen, auch wenn es stürmt und schneit und das Kampieren eisig kalt ist, die sonntägliche Ruhe ist für alle ein notwendiges geistliches Gut.

Das ist das Gebot des Schöpfers.

Die Indianer wollen daher, sobald sie sich bekehren, die Sonntagsruhe einhalten. Aber damit erhebt sich eine ernste Frage: läßt es sich vertreten, daß die christlichen Kanumannschaften die Arbeit sonntags ruhen lassen? Darf man die wertvollen Pelzfrachten der Gefahr des verspäteten Eintreffens aussetzen? Alle Angestellten der Gesellschaft sind an dieser Frage interessiert, denn bezahlt werden sie je nach den erzielten Gewinnen. Die Entbehrungen ihres harten Lebens in der Einsamkeit nehmen sie nur auf sich in der Hoffnung, daß sie sich hier rasch bereichern können. Daher machten sie verdutzte und empörte Gesichter, als mehrere der besten Ruderbrigaden und etwa hundert Träger jetzt erklärten, sie wollten sonntags nicht mehr arbeiten. Ein Siebtel des ohnehin schon so kurzen Sommers wegen Trägheit verloren! Wo kam man da hin? Mußte das nicht zur Zerrüttung, zum Ruin des ganzen Handels führen, zum Verlust ihrer Einkünfte?

Zur Zeit ist die Lage so: die Gesellschaft untersagt ihren Ruderern am Sonntag zu rasten. Ich gehe zum Geschäftsführer, um mit ihm zu reden.

»Was haben Sie den Indianern für dumme Ideen in den Kopf gesetzt?« erwidert er. »Hören Sie gefälligst auf mit diesen Hirngespinsten, damit endlich wieder Ordnung eintritt.«

»Sir! Erleidet Ihre Firma durch die christlichen Arbeiter etwa Schaden? Müßten Sie nicht vielmehr froh sein, wenn Sie ehrliche Träger haben, auf die Sie sich verlassen können? Ich bin sicher, daß die Mannschaften, die sonntags ruhen, in sechs Tagen mehr schaffen als die anderen in sieben.«

Hierauf antwortet der Direktor nur mit Spott. Er ist eigensinnig und verschließt sich allem Zureden. Als ich ihm vorschlage, er solle es doch einmal ausprobieren, braust er auf.

Unsere christlichen Indianer sind sich selber nicht ganz schlüssig, was sie tun sollen. Sie möchten zwar die Sonntage einhalten, aber auf der anderen Seite schrecken sie zurück bei dem Gedanken, sie könnten hinter ihren heidnischen Rivalen weit zurückbleiben. Um sie zu überzeugen, sowohl die Indianer als auch die Firmenangestellten, bleibt mir nur der eine Ausweg: ich muß die Probe aufs Exempel selber machen. Mein Entschluß ist gefaßt; mit meinem Kanu werde ich beweisen, daß die Beachtung des Sonntags die Fahrtdauer nicht verlängert.

Die Gelegenheit zu meinem ersten Versuch bot sich zu Beginn des Sommers 1842. Ich hatte mir vorgenommen, zum oberen Saskatchewan zu fahren, da höre ich, daß die

Hudson-Company eines ihrer schnellsten Boote wegen eines eiligen Geschäftes in die gleiche Gegend schicken will. Ich beschließe, den Wettkampf mit ihm aufzunehmen. Das Kanu der Firma erhält eine erstklassige Bemannung; ich wähle eine gleiche Zahl von Ruderern und als Führer Kahwonaby. Beide Boote werden gleich schwer beladen. Das Boot der Firma, unter vielen ausgewählt, ist bedeutend besser als das unsere. Wir werden sonntags rasten, unsere Gegner ohne Pause durchfahren.

Wochenlang schwankt der Kampf auf dem Saskatchewan unentschieden hin und her.

Jeden Sonntag kommen wir ins Hintertreffen, holen aber in der Woche immer auf. Es ist ein heldenhafter Wettkampf. Die Heiden rudern verbissen, meine Christen mit prächtiger Begeisterung.

Bei der siebten Tragstrecke hält ein sonderbarer Zwischenfall uns auf. Aus einem Nebenfluß stößt ein Kanu vor, dessen Insassen uns mit wilden Schreien begrüßen. Sie fahren hinter uns den Saskatchewan hinauf und legen sich mit aller Kraft in die Ruder, um uns noch vor der Tragstrecke einzuholen. Meine Leute wehren sich, erreichen den Landepunkt als erste und eilen mit Gepäck und Kanu den beschwerlichen Fußpfad hinauf. Ich muß gestehen, daß ich es im Rudern mit jedem beliebigen Indianer aufnehmen kann, daß es mir aber nie gelungen ist, mit ihnen Schritt zu halten, wenn sie mit unwahrscheinlich leichten Sprüngen über grausig schlechte Felsenpfade stürmen.

Ich werde von der fremden Mannschaft eingeholt.

Drüben erreichen unsere Kanus den Fluß zur gleichen Zeit. Der Kampf entbrennt. Beschämt, daß ich die Meinen auf der Tragstrecke aufgehalten habe, ergreife ich ein Ruder, um sie zu unterstützen. Die Wettfahrt macht mir Spaß. Aber plötzlich sehe ich den wildverbissenen Ausdruck auf dem Gesicht des anderen Bootsführers. Ich kann ihn sehr genau beobachten, denn wir fahren beinah Bord an Bord. Der Häuptling ist ein prächtiger Koloß, von oben bis unten mit Trophäen geschmückt, Federn, Büffelhörnern, Raubtierzähnen. Doch der Kampf irritiert ihn; unterdrückte Wut verzerrt seine energiegeladenen Züge, sobald unsere Ruderer den seinen einen kleinen Vorsprung abgewinnen. Seine grimmige Miene treibt mich nur noch mehr, den Wettkampf fortzusetzen, aber plötzlich lassen meine Leute nach — wir bleiben um mehrere Bootslängen zurück.

Ich merke, daß die Meinen auf ein Zeichen Kahwonabys hin freiwillig nachgegeben haben.

»Missionar«, sagt Kahwonaby, »kämpfe nicht mit Maskepetoon; er würde sich rächen, er ist bösartig und hinterlistig.«

Meine Ruderer sind nicht ängstlich; wenn die Waffen gleich sind, kämpfen sie mit Ausdauer. Aber Kahwonaby ist ein weiser und besonnener Mensch, er will einen gewalttätigen Partner nicht zur Wut reizen, nur um eines eitlen Ruhmes willen.

Mit einem grimmigen Lachen entschwindet Maskepetoon an der nächsten Flußbiegung unseren Blicken, weit voraus. Was liegt uns daran? Wir kämpfen einen anderen, viel wichtigeren Kampf, und dort werden wir uns nicht besiegen lassen.

Wochen vergehen. Schließlich kommen wir nach Norway House zurück. Die Christen empfangen uns mit freudigem Beifall, denn wir sind die ersten. Die Angestellten der Firma warten mit Ungeduld auf ihr Kanu, das doch so schnell ist: erst am übernächsten Tag trifft es ein. Schon auf dem Hinweg hatten wir die Gegner um einen Tagesmarsch geschlagen.

MASKEPETOON

Unser Sieg über das Kanu der allmächtigen Gesellschaft hat viel Aufsehen erregt; den ganzen Winter über wird in den Wigwams davon gesprochen. Unsere Christen haben jetzt volles Vertrauen, daß es seinen Wert hat, wenn man den Sonntag achtet. Sie sind entschlossen, Gott mehr zu gehorchen als den Menschen. Im nächsten Sommer werden sie sich untereinander zu eigenen Mannschaften zusammen-tun, gleichgültig, was die Firma anordnet. Bei den India-nern gehen die Wetten hin und her; jeder ist gespannt, wer bei der großen Fahrt der Schnellste sein wird, diejenigen, die den Sonntag einhalten oder die ihn übergehen.

Anfang Juni 1843 fahren die Brigaden los. Wir bestär-ken die christlichen, daß sie ihrem Grundsatz treu bleiben; allerdings verstehen wir, wie schwer es für sie sein wird, wenn sie sehen müssen, daß die Rivalen sonntags große Vorsprünge gewinnen. Unter Kahwonabys Führung wer-den sie den Saskatchewan hinauffahren. Dort wird sich ein heißer Kampf entspinnen, und während aller dieser Wo-chen werden wir von ihnen keine Nachricht haben. Die Vertreter der Firma sind wütend. Ihre Niederlage im ver-gangenen Sommer, die sie nicht erwartet hatten, haben sie noch nicht verwunden, und daß die Christen ihnen jetzt zum zweitenmal die Stirne bieten wollen, das erbittert sie. Während die Ruderer auf dem Fluß ihren Wettkampf aus-fechten, haben wir in Norway House ständige Schikanen zu erdulden. Erst hat die Firma protestiert, dann drohte sie, und jetzt verfolgt sie uns durch tausend hinterhältige Schikanen.

Der Streit um den Sonntag wird für uns noch schwere Zeiten bringen. Die beteiligten Weißen suchen mein Ansehen bei den Indianern durch niederträchtige Verleumdungen zu untergraben. Sie unternehmen Schritte, um zu erreichen, daß ich nach England zurückgerufen werde, auch dabei schrecken sie vor falschen Beschuldigungen nicht zurück. Der Sommer beginnt für uns mit schlechten Vorzeichen.

22. Juni. — Gestern ist Maskepetoon hier gelandet; seine Ankunft hat viel Aufsehen erregt. Jeder kennt und fürchtet ihn; seine Grausamkeit, sein Rachedurst und seine Bärenstärke machen ihn gefährlich. Er ist ein berüchtigter Skalpjäger.

Man bewundert ihn, und geht ihm aus dem Wege; Sympathie genießt er wohl bei keinem.

23. Juni. — Durch das Geklapper der Stachelschweinstacheln an seinem großen, weißen Büffelmantel seine Nähe verkündend, schreitet Maskepetoon zwischen sein Wigwams hervor. Ob er einen Streit mit mir anfangen wird? Nein, er hat das Bleichgesicht, das auf dem Fluß eine Wettfahrt mit ihm wagte, wiedererkannt und kommt mit heiterer Miene auf mich zu. Er trägt mir das Duell nicht nach: hat es mir vielleicht sogar seine Achtung eingetragen?

Sein Aussehen imponiert mir. Was für großartige Gestalten, diese Häuptlinge mit ihrer prächtigen Aufmachung, dem wilden Schmuck, den Tätowierungen, der ganzen prahlerischen Haltung. Maskepetoon ist ein grausamer Bandit; die Skalps an seinem Gürtel bezeugen es; und dennoch kann ich nicht umhin, seine Würde, seine stattliche Robustheit zu bewundern. Man spürt in ihm den Herrscher, und trotz des brutalen Wesens hat man instinktiv Respekt vor ihm.

29. Juni. — Fast jeden Tag kommt Maskepetoon auf mich zu und tauscht ein paar Worte mit mir aus; er hat eine deutliche Sympathie für mich, er möchte gerne mit mir kämpfen, um zu sehen, wer von uns der Stärkere ist. Trotz allem mag ich ihn. Die Skalps, auf die er seinen Stolz setzt, sind mir zwar ein Greuel; im Geiste höre ich das Brüllen seiner Opfer, wenn er sie in seinen Pranken hält; ich sehe, wie er den flatternden Haarschopf seines Feindes packt und mit seinem scharfen Steinmesser, das immer griffbereit an seinem Gürtel baumelt, einen Schnitt rund um den ganzen Schädel macht. Ein Würger, ein grauenhafter Schinder—und dennoch, welche imponierende Grandezza!

1. Juli. — Wahrhaftig, ein Gewaltmensch wie Maskepetoon ist mir immer noch lieber als die Hinterhältigkeit der Weißen. Die Vertreter der Hudson-Gesellschaft versuchen mich mit allen Mitteln anzuschwärzen, um mir einen Prozeß an den Hals zu hängen, bei dem sie selber dann das Urteil sprechen. Sie können es nicht verwinden, daß ihre Interessen durch einfache Ruderer, die sonntags rasten wollen, bedroht werden.

Wir werden eingesponnen in ein Netz von Intrigen. Man will mir das Leben in Kanada unmöglich machen. Bei jeder Fahrt, bei jedem Schritt, den ich tue, bin ich auf die allmächtige Gesellschaft angewiesen; sie nutzt dies aus und macht mir Schwierigkeiten, wo sie kann; sie hofft, daß ich den Mut verliere und das Land verlasse.

Aber ich werde dem Sturm Trotz bieten und weiter darum kämpfen, daß den Indianern das Recht zugestanden wird, den Sonntag zu achten.

3. Juli. — Ich mache den Versuch, Maskepetoon von Jesus zu erzählen. Wird das Evangelium das trotzige Gemüt berühren?

»Bleichgesicht, für Krieger wie mich kommt dein Gott nicht in Frage. Biete ihn den Squaws an — die haben es nötig, Gehorsam zu lernen. Ich, Bleichgesicht? Ich werde nie Christ, nie, solange bei den Schwarzfußindianern noch ein Skalp zu erbeuten ist und ein Pferd, das man stehlen kann!«

21. Juli. — »Missionar! Rasch, du mußt zu Maskepetoon laufen! Seine Frau ist skalpiert worden!«

»Von wem? Sie ist sicher tot, die Arme, was kann man da noch tun für sie?«

»Nein, sie lebt noch! Sie blutet entsetzlich, aber sie spricht, vielmehr sie brüllt . . . und niemand traut sich ihr zu helfen, denn skalpiert hat sie Maskepetoon selber.«

»Dieser Unmensch!« Ich renne hin.

Am Eingang des Wigwams stoße ich auf den Skalpjäger. Empört halte ich ihm seine Schandtat vor. Er rechtfertigt sich: seine Frau habe seinen Zorn gereizt, die Lehre sei verdient! Welches Scheusal!

Er gibt Erklärungen . . . Sein Zorn ist also zusammengesunken, und er ist sich seines Rechts nicht sicher. Er läßt mich vorbei und entschwindet, indessen verbinde ich die arme Frau. Ob sie die fürchterliche Verletzung überlebt? Der Schädel ist kahl wie ein nackter Stein. Zum Glück gelingt es mir, das Blut, das über ihr Gesicht strömt, zum Stillstand zu bringen.

22. August. — Von den Ruderern haben wir noch immer keine Nachricht. Auf beiden Seiten wächst die Spannung. Wie wird der lange Kampf um den Sonntag ausgehen? Ob unsere Christen standhaft geblieben sind? Haben sie den Mut verloren, als sie sahen, daß die anderen zu

Beginn der zweiten Woche weit voraus waren? Haben sie den Vorsprung aufgeholt? Wir machen uns Sorgen.

Die gleiche Nervosität herrscht bei den Vertretern der Firma; durch ständige Heimtücken lassen sie uns ihren Unwillen spüren.

24. August. — Der Skalpjäger geht mir aus dem Wege. Ich habe seine Frau gesehen; die furchtbare Wunde ist geheilt. Die Arme läuft mit völlig kahlem Schädel herum, wie ein Totenschädel glänzt er in der Sonne. Es geht ihr aber trotzdem gut. Sie scheint sich nicht gedemütigt zu fühlen durch die Schandtat, die ihr Ehemann an ihr verübt hat. Ist sie nicht sein Eigentum? Wenn es ihm gefällt, ihr den Haarwuchs zu rauben, ist das nicht sein gutes Recht?

27. August. — Als Trost für die Brutalität der Indianer und die Hinterhältigkeit der Weißen widerfährt mir zwischendurch auch manche Freude. So bei Mosaquit, der mich neulich zu sich rufen ließ. Mosaquit hat in den letzten Jahren sehr viel Unglück durchgemacht; das Mißgeschick, das ihn verfolgte, hat seine angeborene Härte in Haß gegen die Mission verwandelt. Der Tod hat ihm zuerst seinen ältesten Sohn genommen, der sein ganzer Stolz war, dann im vorigen Sommer seine Frau. Der zweite Sohn, ein mutiger, intelligenter Mensch, hat sich zum Christentum bekehrt; den Zorn des Vaters hat er immer zu beschwichtigen versucht: »Vater, willst du nicht beten? Das Gebet, das ist die Leiter, auf der du zum Himmel hinaufsteigst. Wenn du nicht dorthin gehst, wirst du unsere Mutter nie mehr wiedersehen.« Dieser Sohn wurde letzten Winter krank. »Lieber Vater, bete doch«, sagte er beschwörend, als er auf dem Krankenbette lag, »bete, ich flehe dich an!« Und dann starb er, aber das Herz seines Vaters erweichte sich nicht. Dann, vor etwa einer Woche ist auch der dritte Sohn von

Mosaquit gestorben, der kleine dreijährige. Und nun hat Mosaquit nach mir geschickt und mich zu sich kommen lassen; der Vater hat den Ruf seiner Kinder endlich gehört.

28. August. — Wird auch Maskepetoon den Ruf seines Sohnes vernehmen, den man ihm im Frühjahr getötet hat? Man sieht ihn nirgends. Ob selbst dieses harte Herz das Gefühl der Scham kennt? Ich gehe ihm nicht nach; seit er seine Frau skalpiert hat, empört mich seine Grausamkeit zu sehr. Ich glaube, man kann ihn mit dem Evangelium nicht erreichen, er ist zu brutal.

DAS SIEGHAFTE ZEICHEN

2. September. — Am Ufer des Flusses erhebt sich ein Geschrei. Ich ahne, daß etwas Besonderes los ist, und eile hin. An der Biegung des Flusses, weiter oberhalb, tauchen aus dem Abendnebel Boote auf; sie fahren in guter Ordnung, eines nah hinter dem anderen. Das ganze Dorf drängt sich auf dem Ufer zusammen und blickt in atemloser Spannung flußaufwärts, um die Ankommenden zu erkennen. Sie nähern sich langsam, man merkt, daß sie müde sind; aber im Rhythmus der Ruderschläge klingt die Freude der Heimkehr.

Kein Zweifel, die kräftige, breitschultrige Gestalt ist Kahwonaby. Die Christen sind also die ersten. Ruhig, in der Gewißheit eines überlegenen Sieges, legen sie am Ufer an, sie haben einen Vorsprung von mehreren Tagen. Trotz ihrer Müdigkeit wollen sie zuerst in die Kapelle gehen; ein kurzer Gottesdienst zur Danksagung vereint dort die Ruderer und ihre Familien. Dann wollen sie essen und sich ausruhen. Das Anhören ihres Berichts verschieben sie auf morgen.

Sonntag, 3. September. — Schon am frühen Morgen versammelt sich die ganze Bevölkerung von Norway House in der Kapelle. Auch die Heiden kommen hin, von der Neugier angezogen, ebenso ein Angestellter der Gesellschaft, der seinem Chef nachher Bericht erstatten soll. Sogar Maskepetoon ist erschienen, geräuschvoll tritt er ein und bahnt sich einen Weg durch die dichtgedrängten Reihen, mit stolzer und geringschätziger Miene, mit der er zeigen will, daß ihn diese Dinge gar nicht interessieren. Aber jedenfalls hat der Sieg der christlichen Ruderer ihn gewaltig beeindruckt, und nun will er hören, was sie zu erzählen haben.

Kahwonaby steht auf und berichtet von der Fahrt:

»Ihr habt gesehen, wie wir gleichzeitig mit den anderen Mannschaften losfuhren. Auf dem Winnipegsee sind wir mit ihnen auf der gleichen Höhe geblieben. Dann, als die Mündung des Saskatchewan hinter uns liegt, sichern wir uns einen kleinen Vorsprung, um als erste an der Tragstrecke anzukommen. Dort zieht der Trupp sich auseinander, die Christen liegen an der Spitze.

Am Samstag beschleunigen wir unser Tempo und sind den anderen, als wir abends unser Lager aufschlagen, um zehn Kilometer voraus. Da der nächste Tag Ruhetag ist, bereiten wir schon abends alles vor, damit wir am Sonntag nichts zu tun brauchen, nur das Essen zu bereiten. Das Frachtgut decken wir mit Wachstuchplanen zu, und nachdem wir zu Abend gegessen und gebetet haben, legen wir uns schlafen.

Sonntagmorgen stehen wir frühzeitig auf, baden im Fluß, frühstücken und ziehen unsere Festkleider an, die wir immer bei uns haben. Dann halten wir einen Gottesdienst ab;

wir haben nicht vergessen, auch unsere Rindenbibeln und einige Gesangbücher mitzunehmen. Nach dem Mittagessen schlafen wir und erholen uns, und abends beschließen wir mit einer Andacht diesen guten Sonntag.

Die anderen Mannschaften sind im Lauf des Tages an uns vorübergekommen und haben uns überholt. Sie haben uns Schimpfworte zugerufen und uns verspottet: ›Faulpelze!‹ ›Singen könnt ihr — besser als rudern, ihr Mädchen!‹ Uns berührt das wenig. Wir halten uns an das Gebot: Gedenke des Feiertages, daß du ihn heiligst. Und wir singen unsere Lieder am Ufer und ermutigen die heidnischen Ruderer.

Erholt und gestärkt stehen wir am Montagmorgen schon in aller Frühe auf. Der Morgenstern ist noch zu sehen am Himmel, als wir uns auf den Weg machen, wir wissen, daß uns ein langer Tag bevorsteht. (Im Norden sind die Tage im Sommer sehr lang, und die Sterne erlöschen schon viel früher als bei uns; je nach Jahreszeit und Breitengrad sind sie in besonders hellen Nächten überhaupt nicht zu sehen, mit Ausnahme der Venus, des Morgensterns.) Am Mittwoch erkennen wir in der Ferne flußaufwärts einige Kanus. Wir legen uns in die Ruder und bald darauf haben wir die anderen Mannschaften, die den Sonntag nicht beachtet haben, eingeholt. Mit großem Geschrei geht der Kampf los. Die anderen wollen an der Spitze bleiben, wir versuchen, sie zu überholen. Und wir überholen sie tatsächlich, ganz allmählich, eines nach dem anderen. Es ist jedesmal ein hartes Ringen, jedesmal bricht ein Geschrei los. Die ersten Kämpfe sind noch leicht, aber allmählich werden wir müde, außerdem sind die stärksten Mannschaften die vordersten. Aber am Donnerstagabend haben wir sie alle hinter uns gelassen. Bis Samstag strengen wir alle unsere

Kräfte an, um einen möglichst großen Vorsprung zu gewinnen. In den folgenden Wochen wiederholt sich jedesmal der gleiche Kampf, aber schließlich wird unser Vorsprung so groß, daß die anderen uns nicht mehr einholen und wir sie aus den Augen verlieren. Auf der Wasserscheide treffen wir die Mannschaften, deren Ladungen wir mitbringen sollen, wir übernehmen sie und lassen unsere eigene da. Dann begeben wir uns auf den Rückweg und fahren den Saskatchewan wieder hinunter. Drei Tage waren wir schon unterwegs, ehe wir den heidnischen Mannschaften begegneten, so weit hatten wir sie hinter uns gelassen. In acht oder zehn Tagen werden sie erst eintreffen, früher können sie nicht hier sein.«

So lautet Kahwonabys Fahrtbericht. Die Christen frohlocken, aber auch die Heiden machen kein Hehl daraus, daß sie unsere Ruderer bewundern; sie sind gute Verlierer, ganz im Gegensatz zu den Leuten von der Firma, die ihre Wut in sich hineinfressen.

Nach dem Gottesdienst gehen wir in einem großen Zug zum Ufer und bewundern die siegreichen Kanus. Erst jetzt fällt mir etwas auf, was mir gestern, als die Ruderer ankamen, in der allgemeinen Aufregung entgangen ist: an der Spitze seines Führerbootes hat Kahwonaby ein Kreuz angebracht.

»Missionar«, sagt er, als er meine Überraschung sieht, »die heidnischen Mannschaften kämpfen für den Ruhm ihres Totems, für den Sieg des Wolfes, des Fisches, des Elches. Und wir, wir wollten für den Ruhm des Zeichens Christi kämpfen. Die ›Söhne des Wolfes‹ kämpfen mit der Kraft des Wolfes; sie glauben, die Kraft des Wolfes komme in sie, wenn sie das Totem vorn in ihr Kanu stellen, und es werde sie zum Sieg führen. Uns hat beim Kampf der Mut und die Zuversicht des Christen beseelt; und deshalb haben wir ein Kreuz an unserer Spitze aufgerichtet, wir hatten das Vertrauen, daß wir in diesem Zeichen siegen würden.«

11. September. — Die ersten Kanus der heidnischen Gruppe treffen ein. Die Ruderer sind sehr ermüdet, die Kälte in den letzten Tagen hat ihnen zugesetzt. In kleinen Trupps tröpfeln die Boote herein; bei jeder Mannschaft sind ein oder mehrere Mitglieder völlig ausgepumpt, keine ist imstande, die Fahrt bis zur Faktorei in York fortzusetzen, ohne vorher eine längere Ruhepause einzulegen. Unsere Ruderer hingegen fahren schon seit mehreren Tagen den Nelsonfluß hinunter.

18. September. — Noch immer treffen Boote vom Saskatchewan ein, auch diese sind noch nicht die letzten. Die Männer sind am Ende ihrer Kräfte. Die Firma ist sehr unzufrieden, denn die Pelze werden nicht mehr früh genug zur Hudsonbucht gelangen, um die Schiffe nach Europa zu erreichen. Wegen des Eises in der Hudsonstraße können die Ozeanschiffe nicht auf Nachzügler warten.

Bei den drei letzten Kanus, die noch ausstehen und von denen jede Nachricht fehlt, steht zu befürchten, daß sie vom Frostwetter überrascht worden sind und nicht mehr weiterfahren können.

19. September. — Die Rückkehr der heidnischen Brigaden rückt den Sieg der unseren nur noch mehr ins Licht. Während die Angestellten der Gesellschaft bitterböse sind und uns überall zu schaden suchen, sind die Indianer durch den »Sieg des Kreuzes«, wie sie sagen, sehr beeindruckt. Sie beginnen zu begreifen, daß Gott nicht nur für alte Weiber einen Wert hat, sondern auch für das stärkere Geschlecht. Viele von den Heiden kommen jetzt in unsere Gottes-

dienste. Sie gehen zwar umher und machen ziemlich viel
Radau, hören aber trotzdem zu.

Sonntag, 24. September. — Maskepetoon hat wieder am
Gottesdienst teilgenommen. Ich sprach über das Thema
»Versöhnung« und darüber, daß der Mensch seinen Feinden verzeihen soll. Kann es für diesen wilden Krieger
etwas Unbegreiflicheres geben als Verzeihen? Trotzdem hat
er eifrig zugehört.

25. September. — Mit nachdenklicher Miene erscheint der
Skalpjäger im Missionshaus. Die ganze Nacht hat er über
die Liebe Jesu Christi nachgedacht, der es fertigbrachte, seinen Feinden zu vergeben. Ihn beunruhigt ein Satz aus
dem gestrigen Gottesdienst: »Wenn ihr wollt, daß der Große Geist euch verzeiht, müßt ihr selber auch verzeihen, allen, selbst dem, der euch das größte Übel zugefügt hat.«
Wir unterhalten uns. Während ich ihm von der Liebe Gottes spreche, richtet sich mein Auge wie gebannt auf die
Skalps an seinem Gürtel; deutlich erkenne ich unter den
vordersten den schwarzen Haarschopf seiner Frau. Kann
ein solcher Unmensch die Liebe Gottes je verstehen?

26. September. — Heute kam der Skalpjäger zu mir und
berichtete, er habe dem, der seinen Sohn getötet hat, verziehen. Er wird ihm sagen lassen, daß er nicht mehr darauf aus sei, sich zu rächen.

Oktober. — Der Winter setzt mit großer Plötzlichkeit
und Schärfe ein und macht die Flüsse unbefahrbar. Mehrere der heidnischen Kanus sind nicht nach Norway House
zurückgekommen, sie sitzen irgendwo am Unterlauf des
Nelsonflusses fest.

Maskepetoon ist ein regelmäßiger Besucher unseres Got-
tesdienstes geworden. Er lernt jetzt auch lesen und will
eine Rindenbibel in sein Winterlager mitnehmen.

November. — Maskepetoon macht mir einen Abschieds-
besuch; er verläßt das Dorf und begibt sich auf die Winter-
jagdfahrt. Ich frage ihn, wie er sich verhalten werde, wenn
er auf die Schwarzfüße stieße, seine Erbfeinde.

»Wenn die Schwarzfüße sich in angemessener Entfernung halten, werde ich sie nicht angreifen. Ich will auch
mit ihnen in Frieden leben. Ein Feigling bin ich aber nicht
geworden, auch mit deiner Religion nicht: wenn die Schwarzfüße mich anfallen, dann werden sie zu spüren kriegen,
daß ich nicht nur beten kann, sondern genauso gut kämpfen.«

BEI DEN BLUTRÄCHERN

MÖRDER!

Im Sommer 1844 verwirklicht sich mein liebster Plan: wir
fahren zu den Ufern des Mackenzie. Einer meiner besten
Helfer in der Druckerei ist ein Sohn dieses fernen Landes;
Hassel heißt er, und das Zureden dieses jungen Indianers
hat dazu beigetragen, daß ich meinen Lieblingsplan nun
ausführe. Wir werden die Flüsse hinaufrudern bis zum
»Hochland«, von dort zum Mackenzie vorstoßen und den
riesenhaften Strom, der an Länge und Mächtigkeit dem
Mississippi nicht nachsteht, in Richtung auf das Eismeer
hinunterfahren.

Es ist eine ungeheure Strecke, sie mißt 4000 Kilometer.
Wir werden die Fahrt in meinem neuen Kanu machen,
der »Lichtinsel«. Ich habe mir nämlich eigenhändig ein
Boot aus Weißblech gebaut, das widerstandsfähiger ist als

die Birkenrinde. Als die Indianer das Kanu zum erstenmal in der Sonne blitzen sahen, deren Strahlen es wie ein Spiegel zurückwarf, nannten sie es »Lichtinsel«. Mit der »Lichtinsel« will ich das große Licht des Evangeliums zu den Ufern des Mackenzie bringen.

Hassel, mein Reisebegleiter, gehört dem besonders wilden Stamm der Bluträcher an. Auf einer Fahrt hat er sich zum Christentum bekehrt. Daraufhin hat seine Familie ihn verstoßen. Er ist klug und besitzt ein erstaunliches Ortsgedächtnis und eine große Sprachbegabung. Englisch, Französisch und den Crie-Dialekt spricht er fließend, in verschiedenen weiteren Sprachen kann er sich verständlich machen. Da er ein frommer Mensch ist und von echter christlicher Gesinnung, brennt in ihm der Wunsch, das Evangelium auch zu seinen Stammesbrüdern hinzutragen und ihre wilden Herzen zu erweichen. Die Familie, und überhaupt den ganzen Stamm, hat bisher noch nie ein Missionar besucht. So erfüllt ihn unsere Fahrt zum Mackenzie mit Freude und Begeisterung.

Als Ruderer haben wir Oig gewählt, er ist ein liebenswürdiger Mensch und ein erfahrener, geschickter Bootsfahrer, außerdem sehr ausdauernd. Die Indianer versorgen uns mit Proviant, Munition für die Jagd und allem, was wir für die lange Reise nötig haben. Sie nehmen großen Anteil an unserem Unternehmen, sind aber auch beunruhigt, denn jeder weiß, daß die Bluträcher zu den grausamsten und wildesten Stämmen gehören. Die Gefahren, die mit dieser Fahrt verknüpft sind, machen uns den Abschied diesmal schwerer als gewöhnlich. Wir starten Anfang Juni.

*

Die Reise wurde durch ein schreckliches Ereignis unterbrochen. James Evans brachte es nie über sich, den tragischen Vorfall persönlich zu schildern. Erst Jahre danach erfuhr man den genauen Hergang durch den Ruderer Oig, der die Geschichte folgendermaßen erzählte:

»Wir waren in den ersten vierzehn Tagen rasch vorwärts gekommen, obgleich wir wegen Treibeis große Schwierigkeiten hatten. Herr Evans sagte uns, er sei sehr zufrieden. Mehrere Stromschnellen und viele Tragstrecken hatten wir schon hinter uns. Wir waren alle drei gut bei Kräften, denn wir fanden unterwegs viel Wild. Wir verloren keine Zeit, wir fuhren und fuhren . . . Eines Morgens waren wir sehr früh aufgestanden, und nach dem Frühstück und dem Morgengebet hatten wir uns wie immer beeilt und das Kanu ins Wasser geschoben. Der Frühnebel lag noch tief auf dem Fluß, der so breit wie ein See ist. Vorne im Kanu saß Hassel, Herr Evans in der Mitte und ich selbst hinten.

Plötzlich sagte Hassel leise:

Da vorne sind Enten! Reicht mir das Gewehr!

Wir hatten das Gewehr gewöhnlich im Hinterteil des Bootes. Zur Vorsicht legten wir es immer mit der Mündung nach außen. Ich lehnte mich zurück, nahm die Büchse, drehte sie herum und spannte leise den Hahn. Es war ein Steinschloßgewehr. Dann reichte ich sie Herrn Evans, der griff mit der Hand hinter sich, um sie anzunehmen, sah sich aber nicht um, denn er spähte vorne nach den Enten, man konnte sie im Nebel kaum erkennen.

Auf irgendeine Weise, wie, weiß ich selber nicht, ging der Schuß dann los, gerade in dem Augenblick, wo Herr Evans das Gewehr aus meiner Hand nahm, und weil die Mündung nach vorn gerichtet war, wo Hassel saß, traf ihn die ganze Ladung in den Kopf. Der arme Hassel! Er drehte sich um, sah Herrn Evans traurig an und sank tot auf den Boden des Kanus.

Furchtbar! Herr Evans war halb wahnsinnig vor Schmerz, ich selber auch. Wir weinten und schluchzten wie Kinder. Wir konnten kein Glied rühren, zerschmettert und benommen saßen wir da, ganz allein auf dem riesenhaften Fluß, der uns langsam abtrieb, weit und breit kein Mensch, der uns hätte helfen können. Aber irgend etwas mußten wir ja tun. Wir sind dann an Land gefahren und haben unseren armen Kameraden weinend aus dem Boot gehoben und am Ufer in den Sand gelegt. Lange haben wir dort neben ihm gesessen, keiner hat ein Wort gesagt. Dann haben wir versucht zu beten ... wir konnten nur weinen. Der Große Geist aber hatte uns gehört, wir wurden ruhiger und fühlten uns getröstet, obwohl die Tränen uns noch immer herunterliefen.

Allmählich sind wir wieder zu uns gekommen und konnten überlegen, was wir tun sollten. Nach Norway House zurückkehren mit dem Leichnam war unmöglich, und genauso wenig konnten wir ihn mitnehmen in das ferne Land, wo der Stamm von Hassel wohnt, denn das ist noch weiter als der Athabasca-See. So beschlossen wir, unseren Toten dort am Ufer zu begraben. Wir haben eine Grube ausgeworfen und ihn sanft hineingebettet, dann sind wir schweren Herzens wieder ins Kanu gestiegen und sind heimgefahren.

Aber ach, wie traurig war die Heimfahrt! Unsere Augen waren so verdunkelt von Tränen, daß wir kaum unseren Weg fanden. Es kam uns vor wie ein Alptraum, so beklommen war uns zumute. Als wir wieder ankamen, liefen uns die Freunde entgegen, sie konnten nicht verstehen, warum wir schon zurück waren und warum nur zu zweit.

Noch mehr wurden sie erstaunt, als sie sahen, wie bedrückt wir waren. Zuerst konnten wir kein Wort herausbringen. Als wir schließlich die schreckliche Geschichte erzählt hatten, kam in ihre Herzen eine große Trauer, und tatsächlich, der Kummer war ja zweifach. Der eine Kummer war der Tod eines so nützlichen und lieben Menschen, der andere, noch größere, war der, daß sie sahen, wie niedergeschmettert unser geliebter Missionar war, weil er ein solches Unglück selbst verschuldet hatte.«

Oig war Indianer und hatte gewiß kein übermäßig weiches Herz, dennoch war er immer tief ergriffen, wenn er die Tragödie erzählte, auch nach vielen Jahren noch.

Vor allem auf James Evans hatte das Unglück eine furchtbare Nachwirkung. Er konnte sich nie mehr davon erholen, er war seit diesem Tag ein anderer Mensch, mit einmal gealtert. Der Schwung und die Lebhaftigkeit, die ihn zu einem der umgänglichsten Menschen gemacht hatten, waren plötzlich verschwunden. Immer sah er den Moment vor sich, wo Hassel tot zurückgesunken war. Nichts vermochte ihn zu trösten.

Einige Wochen nach seiner Rückkehr kam er zu der Überzeugung, daß er Hassels Tod der Familie selber mitteilen und seine Schuld dem indianischen Gesetz entsprechend sühnen müsse. Hassels Stamm wollte er sich also überliefern, dem Stamm der Bluträcher!

Bei ihnen herrschten noch die alten, unerbittlichen Ideen: Zahn um Zahn und Leben um Leben. So hatte einmal ein junger Krieger bei einem Stammestreffen seinen Bogen genommen und aus purer Bosheit einen Pfeil in den Körper eines weißen Hundes gejagt, der der besondere Liebling seines Herrn war. Ohne einen Augenblick zu zögern, jagte dieser einen Pfeil in das Herz des jungen Kriegers.

Darauf tötete der nächste Verwandte des Erschossenen den Mörder. Und so ging die Rache immer weiter, bis auf dem Schlachtfeld etwa hundert Tote lagen. Schließlich legten sich die älteren Häuptlinge und die Zauberer ins Mittel, um dem Kampf, der zum Vernichtungskrieg geworden war, ein Ende zu bereiten. Der Friede konnte nur dadurch wieder hergestellt werden, daß sämtliche Verwandte des jungen Kriegers für immer aus dem Stamm verbannt wurden. Wochenlang irrten sie umher, bis sie einen abgelegenen Winkel fanden, wo sie wohnen konnten.

An dieses Gemetzel erinnerten die Ältesten in Norway House den Missionar. Jedermann versuchte, ihn von seinem Plan zurückzuhalten. Schien schon das erste Unternehmen, mit Hassel als Begleiter, höchst gefährlich, wieviel mehr dieses neue. Hingehen und der Familie erzählen, daß er Hassel, wenn auch ungewollt, ermordet habe, hieß doch, sich dem Tode überliefern, zum mindesten den grausigsten Martern.

Aber nichts konnte den Entschluß zum Wanken bringen, weder Liebe noch Bitten noch Tränen. Evans wollte sich den Bluträchern ausliefern, sie sollten mit ihm tun, was ihnen gut dünkte. Die Freude am Dasein war für ihn dahin, und es war ihm einerlei, ob er am Leben bleiben würde oder sterben. Er ordnete seine persönlichen Angelegenheiten und vertraute die Mission, die Schule, die Druckerei, sein ganzes Werk den Mithelfern an, die er sich herangebildet hatte und die seine Pläne weiterführen konnten.

Dann rüstete er sich zur Abfahrt, wie zu einer Fahrt in den Tod, verließ seine weinende Familie und trat die Reise in das ferne Land an — eine trostlose, einsame Reise, denn keinem seiner Freunde hatte er erlaubt, ihn zu begleiten. Von allen Menschen abgeschieden, mit der ernsten Ruhe dessen, der mit dem Leben abgeschlossen hat, ruderte er stumm die endlosen Flüsse hinauf. Nach mehreren Wochen erreichte er den Mackenzie und folgte dessen Lauf. Als er in dem Dorf der Bluträcher ankam, fragte er nach dem Wigwam von Hassels Eltern. Man führte ihn hin. Er ging sofort hinein, setzte sich auf den Boden, schlug die Hände vors Gesicht und brach in Tränen aus. Die Indianer blickten höchst verwundert und begriffen nicht, was vorging, denn die Kunde von Hassels Tod war noch nicht zu ihnen vorgedrungen, und ein weißer Mann, gesund und kräftig, der wie eine Frau in Tränen ausbrach, war für sie ein absolutes Rätsel.

Als die Verzweiflung seines Herzens sich etwas beruhigte, berichtete Evans der Familie vom Tode ihres Verwandten und von der Rolle, die er selbst dabei gespielt hatte. Sein Bericht rief natürlich einen großen Aufruhr hervor. Die ganze Familie hatte Hassel, als er der Religion der Väter abgeschworen hatte, fallen lassen, sie hatte ihn davongejagt und sich um sein weiteres Schicksal nicht gekümmert. Nun aber, als sie seinen Tod erfuhr, erwachten alle schlechten heidnischen Instinkte, und sie verlangte Blutrache gegen den, der ihren Sohn getötet hatte. Die Dolche wurden gezückt, die Tomahawks blitzten, und die ganze Sippe schrie nach Vergeltung für das vergossene Blut. Eine Flut von Drohungen und wüsten Schimpfworten ergoß sich aus dem Mund der jungen Krieger.

Inmitten des Tumultes, der haßerfüllten Schreie, was mit ihm geschehen solle, saß Evans scheinbar unbeteiligt da, mit gebrochenem Herzen. Er verbarg das Gesicht in den Händen, sein Kopf war gesenkt, er fragte nicht danach, was mit ihm geschehen würde.

Die Mütter sind überall gleich: eine arme Indianerfrau war es, die in die erregte Debatte eingriff, ihr eine günstige Wendung gab und James Evans das Leben rettete.

Hassels alte Mutter war sehr betrübt gewesen, als sie den Tod ihres Sohnes und den Hergang des Unglücks erfahren hatte. Sie hatte alles mit angehört: das Rachegeschrei der Verwandten, die wilden Beschimpfungen, die Erregung der jungen Krieger, bei denen es nur noch eines kleinen Anstoßes bedurfte, daß sie den Fremden töteten. Aber sie hatte auch gesehen, wie dieser Mensch, der ihrem Sohn ohne Absicht das Leben genommen hatte, tief bekümmert war, und beim Anblick seiner Verzweiflung war ihr Mitgefühl erwacht. Ihr Frauenherz war berührt worden von der Größe dessen, der sich in seinem Schmerz freiwillig in die Hände seiner Feinde begab.

Als sie sah, daß die Bluträcher ihn umringen wollten, trat sie vor, stellte sich vor den Fremden, legte ihm die Hände auf den Kopf und rief: »Nein, er soll nicht sterben. In seinem Herzen war nichts Böses! Er soll am Leben bleiben und mein Sohn sein; er soll an die Stelle dessen treten, der nicht mehr unter den Lebenden ist!«

Ihren Worten folgte ein verblüfftes Schweigen, dann Gemurmel und Proteste. Doch die Mutter setzte sich mit Leidenschaft für ihre Sache ein und trug am Schluß den Sieg davon. Dank der Verzeihung dieser heidnischen Mutter wurde Evans in den Stamm von Hassel, den er getötet hatte, aufgenommen und von seiner Familie adoptiert.

September 1844. — Das Mitgefühl der Mutter hat mir das Leben gerettet, aber dafür bin ich jetzt ein Gefangener. Für das Trauerzelt hat mich meine Familie in einen verlassenen Wigwam des Dorfes verbannt. Ein Kind bringt mir einmal am Tage ein kümmerliches Mahl, unappetitliche Überreste vom Essen der anderen. Wie oft habe ich die Frauen bedauert, wenn sie an der Tür des Wigwams, in dem die Männer aßen, sich um die Knochen streiten mußten, die ihre Herren ihnen zuwarfen. Und jetzt überläßt man mir, was selbst die Frauen verschmäht haben! Darin spürte ich die ganze Verachtung gegenüber einem Mörder, der die Blutschuld nicht bezahlt hat.

Ich kann mich frei bewegen, niemand kümmert sich um mich. Der Bandit, der aus Bosheit zuschlägt, der Skalpjäger, der sich mit der Menge seiner Opfer brüstet, genießt bei diesen Rothäuten Achtung. Wer jedoch aus Ungeschick getötet hat, den stoßen sie voll Abscheu zurück. Das Bedauern, daß man einen anderen umgebracht hat, betrachten sie als Zeichen von Feigheit, und wenn sie einen Feind nicht für würdig befinden, die Todesstrafe zu erhalten, dann fügen sie ihm damit die größte Beleidigung zu. In ihren Augen ist es so, als wenn ich nicht mehr existierte. Sie wenden sich von mir ab, wie von einem Stachelschwein, das nicht mal eines Fußtritts würdig ist.

Am Tag nach dem Mondwechsel erscheint meine Adoptivmutter an der Tür des Wigwams und sagt einfach: »Komm mit, du bist mein Sohn.« Sie geht zu ihrem Zelt, ich hintendrein. Sie gibt mir eine schmutzige Decke aus Kaninchenfell und weist mir einen dunklen Winkel in der Hütte zu. Dort also werde ich, nachdem ich jetzt ein Sohn von Rothäuten geworden bin, nun wohnen.

Mit Sehnsucht denke ich zurück an die Einsamkeit des verlassenen Wigwams. Ich mag die Indianer gern, und ich habe mich nie gescheut, in ihre Wigwams zu gehen, auch nicht, wenn sie schmutzig waren. Aber ständig mit Indianern zusammen zu leben, Tag und Nacht in unmittelbarster leiblicher Nähe — diese Aussicht erfüllt mich doch mit ziemlichem Entsetzen. Meine früheren Aufenthalte in Wigwams, wenn ich als Missionar kam und die Indianer sich Zurückhaltung auferlegten, waren immer kurz und daher erträglich gewesen. Jetzt aber werde ich hier ständig hausen, und die endlos langen Wintermonate in meinem finstern Winkel hocken, wenn die Krieger sich am Feuer beraten. Ihr ganzes heidnisch-grausames Leben werde ich ansehen und mitleben, und ich darf nichts sagen: ich bin der Verbrecher, der des Todes nicht würdig befunden wurde; ich bin das Haustier, um das sich niemand kümmert, weil es nicht einmal zum Schlachten taugt.

Draußen fegt der Wind durch die Wälder, die Bäume ächzen — das Ächzen, das die Schneestürme ankündigt. Es ist Ende September, und schon naht der Winter. Der Schnee und die grausige Kälte des Nordens werden mich monatelang im Zelt gefangen halten — mir schaudert.

WINTER

Endlich eine Abwechslung. Heute Morgen großer Aufruhr im Dorf. Die Zelte werden abgebrochen und die Schlitten beladen. Die Hunde heulen, sie verstehen genauso wenig wie ich, warum das ganze Dorf so plötzlich aufbricht, jetzt wo der Sturm den hartgefrorenen Boden blankfegt und den lockeren Schnee in die Mulden treibt. Droht uns ein unvorhergesehener Angriff? Nein, von kriegerischen Vorbereitungen ist nichts zu sehen. Mit Sack und Pack hasten wir auf die Hügel im Osten zu, gelangen auf die ersten Anhöhen. Und nun sehen wir jenseits des Waldes die Ebene, durch die sich der Mackenzie schlängelt, und ich begreife unsere überstürzte Flucht: die ganze Ebene steht unter Wasser, in kurzem wird die Überschwemmung auch den Platz erreichen, wo das Dorf gestanden hat. Der Mackenzie wälzt die noch wärmeren Wassermassen von seinem Oberlauf heran; dort, tausend Kilometer weiter südlich, herrscht der Sommer noch. Der Norden dagegen steht unter dem Regiment des Winters. Von Frost gepackt, erstarren die ankommenden Fluten zu Treibeis, das sich zu einer Barrikade auftürmt. Der Fluß tritt über seine Ufer und breitet sich zu einem ungeheuren See aus.

Tragischer Zweikampf zwischen Sommer und Winter. Um uns herum ist der hartgefrorene Hügelrücken blankgeweht, die Schluchten und Wälder liegen schon voller Schnee. Eintönig grau lastet der Himmel, die weite Ebene ist ohne jeden Glanz, alles sieht öde und trostlos us.

Von dem Hügel, der fürs erste unser Wohnort sein wird, können wir beobachten, wie der Strom mit seinen tobenden Fluten vergeblich gegen die Barrikaden anrennt, wie er vom Winter gefesselt wird und allmählich erstarrt. Jetzt wissen wir, daß wir dreiviertel Jahr lang kein fließendes Wasser mehr sehen werden. Die ganze Natur ist tot. Das lastende Schweigen drückt uns zu Boden.

November. — Wir beziehen im Schutz des Waldes, der uns Brennholz liefert, unsere Winterquartiere. Gewissenhaft erledige ich die Arbeiten, die mir als Indianersohn jetzt obliegen. In das Eis des nahen Sees habe ich ein Loch gehackt. Mir fällt die Aufgabe zu, diesen Brunnen offen zu halten, das neue Eis jeden Morgen zu entfernen und den Schnee beiseite zu räumen. Mit dem Hundeschlitten hole ich dort das Wasser für jede Mahlzeit. Ich schöpfe es in einen Schlauch, der aus dem Magen eines Elchs gemacht ist, und hülle ihn in Pelze, damit das Wasser nicht unterwegs gefriert. Sogar im Wigwam kann man es nur kurze Zeit in flüssigem Zustand halten. Auch für das nötige Brennholz habe ich zu sorgen — eine harte Arbeit, wenn tagelang der Schneesturm tobt und die Indianer riesenhafte Feuer unterhalten, so daß die Brennholzstöße, die ich anschleppe, im Handumdrehen verschwunden sind. Aber ist der Mörder, den man duldet, nicht dazu da, daß er bei Sturm und Kälte in den Wald geht? Aber die Strapazen der Arbeit erschöpfen mich nicht. Mein Körper ist kräftig und an Mühsal gewöhnt. Zudem bin ich froh, wenn ich dem beklemmenden Zusammenleben in dem engen Zelt für ein paar Stunden wenigstens entfliehen kann. Der Wigwam mit seiner Schmierigkeit bedrückt mich entsetzlich, er ist wie ein Viehstall, der nie ausgemistet wird. Wie sollte man ihn denn auch ausmisten? Ringsherum liegt meterhoch der Schnee. Der Boden im Wigwam wird vom Feuer aufgetaut und verwandelt sich in einen zähen Matsch, bedeckt mit lauter widerlichem Unrat. Beim Essen setzen sich die Männer um das Feuer, zerfetzen das gebratene Fleisch mit Händen und Zähnen und werfen die halbwegs abgenagten Knochen hinter sich. Dann schnappen sich die Frauen, die schon darauf lauern, diese Überreste, und ich selber auch — der Hunger treibt die Brocken hinunter. Und wenn wir nicht schnell genug zupacken, kommen uns die Hunde zuvor.

Das ganze Zusammenleben in den Wigwams spielt sich in der gleichen, unbeschreiblich rohen Art ab, und die Indianer behandeln mich buchstäblich wie einen Hund; mich zu beklagen, ihnen Vorwürfe zu machen, habe ich kein Recht. Und das sind die freien, die unberührten Indianer im Norden, die, von denen ich geträumt hatte, die in meiner Phantasie so edel und großherzig waren. Damals hatte mich ein brennendes Verlangen getrieben, sie zu sehen und zu lieben. Und jetzt bin ich ihr Adoptivsohn und habe teil an ihrem Leben — und an seiner ganzen grauenhaften Rohheit!

Ich könnte meine Lage viel leichter ertragen, wenn ich hier wäre, um die Botschaft Gottes zu verkünden; aber ich bin hier wegen meines Verbrechens. Gerettet hat mich nur das unbegreifliche Mitleid einer Heidin. Das Gesetz der Heiden hat mein Leben verschont, nun muß ich dieses Dasein in ihrer Mitte dankbar annehmen. In ihren Augen bin ich ein Verbrecher, und ich habe nicht das Recht, das Evangelium zu predigen. Aber alles Entwürdigende will ich ohne Murren und ohne Bitterkeit ertragen, vielleicht kann ich mein Vergehen auf diese Weise sühnen.

Dezember. — Der Vater kommt von der Jagd heim. Jenseits der Hügel hat er ein Rentier erlegt. »Los, ihr Hunde, holt das Rentier!« Gemeint sind wir — Sagamore, seine Frau, und ich. Die Jagdbeute selber herzutragen, verbietet ihm die Würde des freien Mannes, die niedere Arbeit ist Sache des begnadigten Sohnes. Ich mache mich mit meiner Adoptivmutter auf den Weg.

Mühsam schleppen wir das schwere Rentier durch den tiefen Schnee. Gemeinsame Arbeit bewirkt, daß die Herzen sich einander nähern. Auch Sagamores Herz scheint etwas aufzutauen. Sie ist gerührt, daß ich mich bemühe, ihr die Arbeit zu erleichtern. Anscheinend hatte sie das nicht erwartet.

An manchen Tagen ist ihre Laune entsetzlich. Je nach der Tätigkeit, die sie verrichtet, steigen Erinnerungen an ihren Sohn auf. Dann kann sie meine Anwesenheit nur schwer ertragen, sie bereut ihren Großmut und fährt mich hart an. Aber ihren Zorn verstehe ich, er ist für mich viel leichter zu ertragen als ihre Vergebung; denn di Erinnerung an Hassel quält auch mich.

Ende Dezember. — Die Tage sind sehr kurz, die Sonne erhebt sich nur wenig über den Horizont. Meistens ist der Himmel bedeckt, deshalb kann ich nicht erkennen, ob ihr Licht schon zunimmt. Es muß jetzt wohl Weihnachtszeit sein. Die genaue Zeitrechnung ist mir abhanden gekommen.

Ja, es ist um Weihnachten, und mein Herz fühlt sich mutterseelenallein. Manchmal ist Sagamore allerdings sehr nett zu mir. Neulich hat sie mich gefragt, ob ich Kinder hätte, und ich habe ihr von Maria und Eugenie erzählt. Daß meine Frau unter meinem Fortsein leiden könnte, darauf kommt sie gar nicht. Eher zu verstehen scheint sie die Sorge meiner Tochter.

Ich hätte Sagamore gern von Weihnachten, von der Geburt Jesu erzählt, aber wenn ich daran denke, daß ich ihren Sohn getötet habe, überkommt mich eine unüberwindliche Scheu.

Ihr, die mich aufgenommen hat, obwohl ich ein Verbrecher bin, wage ich kein Wort über Christus zu sagen.

25. Dezember. — Heute war das Wetter schön. Die kurze Zeit, wo die Sonne über dem Horizont steht, habe ich benützt und mich unter eine verkrüppelte Tanne gesetzt, dort hat man einen weiten Blick nach Osten. Obwohl es Mittag war, warfen die niedrigen Hügel lange Schatten. Die Sonne goß einen silbrigen Glanz auf die Anhöhen, aber die Täler lagen in trübem Halbdunkel. Ich habe an die beiden gedacht, die weit hinter den unübersehbaren Schneeflächen ohne Nachricht sitzen und warten. Den heutigen Tag werde ich als Weihnachten eintragen, und von

jetzt ab will ich mich bemühen, mit dem Zählen der Tage auf dem laufenden zu bleiben.

27. Dezember 1844. — Meine Mutter Sagamore hat mich wieder nach meiner Tochter gefragt. Es wundert sie, daß ich hergekommn bin, obwohl mich nichts dazu zwang und ich die liebsten Menschen zurücklassen mußte. Daß ich mich in so große Gefahr begeben habe, während ich daheim doch glücklich war, kann sie nicht verstehen. Wir plaudern friedlich von meiner Familie, aber sobald Sagamore auf ihre eigenen Kinder zu sprechen kommt, überfällt mich ein heftiges Zittern.

8. Januar 1845. — Im Dorf wird nur von Krieg und Raub geredet. Die Männer planen einen Kriegszug gegen ihren Nachbarstamm im Osten.

»Sie sind bösartig«, sagen sie; »sie haben uns immer geschädigt ... und außerdem haben sie viele Blaufüchse gefangen. Jetzt rächen wir uns für ihre Frechhei en ... und nehmen ihnen die Pelze!«

»Werden sie sich dann nicht auch rächen? Und euch niedermetzeln, um euch zu berauben? Wäret ihr nicht glücklicher, wenn ihr das gegenseitige Bekriegen sein ließet?«

»Ach, und du, hast du nicht Hassel umgebracht?« Der bittere Anwurf treibt mich in meinen dunklen Winkel zurück. Als Verbrecher habe ich kein Recht, ihre Gewalttätigkeit zu beschwichtigen. Im Gegenteil, als Adoptivsohn muß ich die Missetaten meines Stammes mit ansehen, ja, in gewisser Weise daran teilhaben!

15. Januar. — Heute hat Sagamore einen schlechten Tag: sie denkt an ihren Sohn. Sie macht mir zwar keine Vorwürfe, in keinem harten Wort hat sich ihre Trauer verraten, aber sie sieht mich mit einem Blick an, der hinter dem Adoptivsohn den wirklichen Sohn sucht. Groll hegt sie

nicht mehr gegen mich, und sie hat sich an meine Gegenwart gewöhnt und erträgt sie ergeben. Aber lieber wäre mir, ich würde geschlagen, beschimpft, das wäre viel leichter als von einer Mutter, deren Sohn ich getötet habe, resigniert geduldet zu werden.

24. Januar. — Einige Männer aus dem Dorf machen einen Jagdzug auf Rentiere und haben mich als Träger mitgenommen. Wir sind in das Dorf eines befreundeten Stammes gekommen und fanden Unterkunft in den Wigwams. Der Schneesturm zwingt uns zu bleiben. Zu meiner Überraschung lösen sich in der Gegenwart der fremden Menschen meine inneren Fesseln, und ich kann wieder von der Liebe Gottes sprechen. Ob die Indianer meine Worte verstehen? Ich weiß es nicht; mir selbst aber tut es wohl, daß ich die Botschaft verkündigen kann, und ich fühle mich aus meinem Zustand der Unwürdigkeit herausgehoben.

Werde ich den Mut haben, jetzt auch meinem Adoptivstamm das Evangelium zu verkündigen? Vielleicht. Aber können sie die Heilsbotschaft aus meinem Munde entgegennehmen? Werden sie in mir nicht immer den Verbrecher sehen, der ihrer Rache nur durch die Laune einer Frau entronnen ist?

DER SEEHUND

Um des Kindes willen

10. Februar. — Magua, eine kleine Enkelin von Sagamore, ist sehr krank. Der Zauberer sieht ihren Fall als hoffnungslos an und hat die Behandlung aufgegeben. Seitdem küm-

mern sich auch die Eltern nicht mehr um das kleine Mädchen, obwohl es ständig jammert. Nun habe ich mich erboten, das Kind zu pflegen. Da ich schon mehrmals Verletzte verbunden habe, vertraut man es mir an.

Mit Hilfe von Sagamore bereite ich Magua ein Lager in unserem Wigwam und bringe sie dort unter. Ein Aufguß von Flechten, den wir ihr eingeben, beruhigt sie; auch das Gefühl, nun liebevoll versorgt zu werden. Um sie abzulenken, erzähle ich ihr Geschichten von Jesus. Sie hört verwundert und mit Freude zu und will immer neue Geschichten hören.

Dabei tauchen vielerlei Schwierigkeiten auf: wie soll ich ihr zum Beispiel die biblischen Bilder klarmachen, das Bild der Sonne und der südlichen Vegetation, der Herde, der Ernte — sie hat ja noch nie ein Haus, einen Garten, ein Saatfeld gesehen. Wie kann man die Gleichnisse anschaulich werden lassen, wenn man zwischen Schneewällen an einem Wigwamfeuer hockt? Ich erzähle vom Guten Hirten und seinen Schafen.

»Was ist das, ein Schaf?«

Das Kind hat noch nie ein Schaf gesehen.

»Sag mir, Magua, welches Tier liebt seine Jungen am meisten?«

»Der Seehund, hat meine Großmutter immer gesagt. Keine Tiermutter, sagt sie, ist zu ihrem Kind so zärtlich wie die Seehundsmutter.«

»Sagamore, ist das richtig?«

»Freilich. Du mußt im Sommer den Mackenzie hinunterfahren, immer weiter bis zum Großen Meer, dort triffst du Seehunde. Dort kannst du zusehen, wie die Mutter ihr Junges auf dem Eisfeld säugt und immer bei ihm ist; anderthalb Mondwechsel lang wärmt sie es mit ihrem Körper. Und später nehmen die Eltern es mit zum Wasser und bringen ihm das Schwimmen bei, und wie zärtlich gehen sie mit ihm um! Ja, bestimmt, von allen Wesen liebt der Seehund sein Kind am meisten!«

Nun fahre ich mit meiner biblischen Erzählung fort: »Er erblickte Jesus und sagte: ›Das ist Gottes kleiner Seehund.‹ Gott liebt Jesus, wie der Seehund sein Kind liebt. Und mit der gleichen Liebe liebt Jesus uns: er nimmt die kleinen Seehunde auf seine Arme und trägt sie.«

Ich scheue mich zuerst, diese Worte auszusprechen, aber dann ist mir eingefallen, daß die Mährischen Missionare, als sie vor hundert Jahren die Botschaft nach Grönland trugen, es genauso machten: um die Liebe darzustellen, ersetzten auch sie das Bild des Lammes durch das Bild des kleinen Seehundes.

Maguas Augen leuchten freudig auf, sie begreift. Gesehen hat sie einen Seehund zwar noch nie, aber die Großmutter hat ihr oft von ihm erzählt, deshalb sind dem Kinde die Seehunde genauso vertraut wie die Füchse, die sie in den Winternächten kläffen hört. Nun verlangt sie immer weitere Geschichten von »Gottes kleinem Seehund«. Das kranke Kind sieht sich im Geist selber von Jesu Arm getragen wie das Seehundjunge. In den fiebrigen Augen leuchten Rührung und Vertrauen auf.

Die Großmutter sitzt neben uns und hört zu. Das Bild des Kindes, das von Jesus geliebt wird wie der kleine Seehund von seiner Mutter, scheint auch sie zu berühren.

Sonntag, 16. Februar. — Magua wird immer schwächer, sie jammert und fühlt sich sehr elend. Nur wenn ich ihr biblische Geschichten erzähle, beruhigt sie sich. Auch Sagamore läßt sich kein Wort davon entgehen. Wie ich merke, erzählt sie die Geschichten auch den anderen Frauen weiter. Heute hat sie am Eingang ihren Nachbarinnen ein Zeichen gegeben, und zwei oder drei von ihnen sind leise ins Zelt geschlüpft und haben die Geschichte vom kleinen Seehund, der vom Großen Geist geliebt wird, mit angehört.

26. Februar. — Die kleine Magua ist gestorben. Ein paar Stunden vorher sagte sie zu ihrer Großmutter: »Ich habe keine Angst vor dem Sterben, ich weiß, daß mich Jesus liebt, und er liebt euch alle, so wie die Seehundmutter ihr Kleines liebt.« In den Herzen der geplagten Indianerinnen, die dabeisaßen, haben ihre Worte einen starken Widerhall gefunden.

Am nächsten Morgen ist das kleine Mädchen begraben worden, nach indianischem Ritus. Auf den Grabhügel hat die Großmutter das Totem des Stammes gesetzt: ein Stück Birkenrinde, auf das sie einen Seehund mit seinem Jungen gemalt hatte! Jetzt begreife ich, warum »das Bild Gottes vom kleinen Seehund« so bereitwillig aufgenommen wurde und die Herzen anrührte.

28. Februar. — Das Grab des kleinen Mädchens zieht mich immer wieder an. Magua ist die erste hier gewesen, die die Botschaft von der Liebe Gottes aufgenommen und die mir Vertrauen geschenkt hat.

Das Seehundstotem bewegt mich; stellt es nicht die mütterliche Liebe dar, die mir das Leben rettete? Ich habe auf dem Grabhügel, den man vom Dorf aus nicht sehen kann, ein kleines Kreuz aus Ästen aufgepflanzt.

10. März. — Wir befinden uns wieder auf einem Jagdzug. Seit mehreren Tagen tobt der Schneesturm und hält uns im Wigwam gefangen. Eine trübe, gelangweilte Stimmung lastet auf unseren Gemütern, und die indianischen Jäger erzählen sich abergläubische Geschichten. Ich selber kann

mich noch immer nicht aufraffen, gegen ihren Irrglauben einzutreten und von der Wahrheit zu sprechen. Wie gewöhnlich schweige ich.

»Und du, Bleichgesicht, hast du nichts zu erzählen?«

Der unmittelbare Anruf weckt mich auf, und ich spreche von Jesus, von seiner Liebe, ich erzähle die Geschichte vom »Verlorenen Sohn« und vom »Barmherzigen Samariter«. Und die rauhen Jäger hören zu und werden angerührt. In ihren Augen sehe ich einen ersten Anflug von Vertrauen aufleuchten.

22. März. — »Wer ist eigentlich der Mann dort drüben, Sagamore. Er sieht anständig und gutherzig aus, aber wenn ihr euch begegnet, sprichst du kein Wort mit ihm, und er geht dir aus dem Weg.«

»Das ist der Mann meiner Tochter.«

»Und trotzdem spricht er nie ein Wort mit dir?«

»Er darf nicht.«

»Ich werde zu ihm gehen, ich finde ihn sehr nett.«

»Nein, du darfst nicht mit ihm sprechen. Er ist der Mann deiner Schwester. Der Zauberer würde dich bestrafen.«

Ich beuge mich; den Gesetzen des Stammes, der mich aufgenommen hat, kann ich nicht trotzen. Später vielleicht, wenn ich frei bin? Im Augenblick jedenfalls steht es mir nicht zu, die geltenden Regeln der Indianer zu durchbrechen. Würde ich damit nicht auch meine Adoptivmutter in Unannehmlichkeiten bringen, sie vielleicht sogar den Repressalien des Zauberers aussetzen?

25. März. — Sowohl die Frauen als auch die Jäger finden an den biblischen Geschichten Gefallen, und wenn ein Schneesturm uns im Wigwam festhält, muß ich immer erzählen.

An solchen Tagen zeige ich den Indianern auch, zunächst

wie ein Spiel zum Zeitvertreib, daß man die Sprache durch Bildzeichen festhalten kann, und bringe ihnen bei, mit Kohle ein paar einfache Worte zu schreiben. Die Indianer staunen. Die Silbenzeichen sind so leicht, daß sie sie gelernt haben, bevor der Sturm vorüber ist. In kurzem werden sie lesen können! Werde ich ihnen eines Tages eine in ihrem Dialekt gedruckte Bibel übergeben können? Fürs erste schreibe ich ihnen einzelne Worte auf Leder.

10. April. — Im Dorf fand eine Hochzeitsfeier statt. Trotz der ganzen Rohheit der Sitten bedeutet eine Hochzeit für den Stamm ein feierliches Ereignis, das mit bestimmten Riten und Festlichkeiten verknüpft ist. Auf dem neuen Wigwam wird das Seehundszeichen angebracht, damit die entstehende Familie das Bündnis mit dem Seehund, dem Sinnbild der Mutterliebe, immer einhält.

25. April. — »Mutter, ihr lebt unter dem Zeichen des Seehundes, dem Zeichen der Liebe. Wie kommt es, daß euer Stamm so wild ist und Blutrache übt?«

»Geh ans Meer, mein Sohn, und sieh dich um. Wenn der Seehund mit seiner Familie auf einem treibenden Eisblock liegt, wie wachsam er ist, daß ihr nichts geschieht! Du meinst er schläft, aber er späht nach allen Seiten. Wenn ein Feind sich zeigt und auf die Eisscholle klettern will, stürzt er sich sofort auf den Eindringling, stößt ihm seine Zähne in den Leib und treibt ihn ins Meer zurück. Auch wir üben Blutrache, um unsere Familie zu verteidigen.«

»Aber mir, Sagamore, hast du doch verziehen? Warum?«

»Mein Sohn, ich weiß es nicht. Ich glaube, dein Gott hat mir diese Liebe eingegeben — noch bevor ich ihn kannte.«

»Ja, Mutter, jede Liebe kommt von Gott. Aber wieso hat er dein Herz berühren können?«

»Als du erzählt hast, wie Hassel gestorben ist, hat Gott sie mir gegeben. Wenn mein Kind mit dir hierher gekommen wäre und noch lebte ... ich weiß nicht, vielleicht hätte ich sie nicht ergriffen. Er mußte wohl sterben, damit ich an diese Liebe glaubte. Durch seinen Tod hat er mein Herz geöffnet.«

DAS EIS BRICHT AUF

2. Mai. — Da die Tage jetzt länger werden und der Schnee sehr gut ist, sind wir mit den Schlitten weit nach Norden gefahren, um auf Bisambüffel zu jagen. Die Gegend ist fast unbewohnt, wir treffen keine Menschenseele.

3. Mai. — In einer Talsenke habe ich die Spuren eines Lagers gefunden: die Indianer müssen hier mehrere Monate gehaust haben, man sieht noch die Schneewälle, die ihre Wigwams schützten. Nicht weit davon entfernt stoße ich auf einen schneebedeckten Grabhügel, dort ist ein Angehöriger des Stammes beerdigt, und auf dem Hügel, fast ganz in Schnee versunken, entdecke ich das Zeichen — ein prächtiges Rentiergeweih. Das Totem des Indianers, den ich suche! Aufgeregt durchforsche ich den ganzen Lagerplatz, finde aber nichts, was mir weitere Kunde gibt.

Verstört und in nutzloser Hast streife ich die schneebedeckten Ebenen um das Lager ab, steige auf Hügel, durchsuche die Schluchten — nirgends eine Spur von menschlichen Wesen. Die ganzen nächsten Tage jage ich der Hoffnung nach, die meine Träume wieder aufgeweckt hat. Aber alles ist vergeblich, ich bleibe allein, und die endlose Schneewüste schweigt.

22. Mai. — Sagamores Herz schließt sich immer mehr

auf. Ich bin oft erschüttert, daß sie mir, der ich ihren Sohn getötet habe, soviel Liebe und Vertrauen erweist.

Heute fragt sie, wo ihr toter Sohn sich nach meinem Glauben jetzt befindet. Ihre Frage traf mich wie ein Schock, ich wankte. Dann erzählte ich ihr von der christlichen Hoffnung, von Gott, der die Seinen zu sich nimmt.

»Hat mein Sohn diesen Glauben auch gehabt, als er gestorben ist?«

Sie sagt nicht: als du ihn getötet hast; das hat sie nie gesagt. Ich erzähle ihr dann von Hassels Glaubensgewißheit und von seinem letzten Blick, von dem Blick, der mich überall verfolgt, der so schmerzerfüllt und doch vertrauensvoll und ohne Vorwurf war.

Sagamore stellt mir noch allerhand Fragen über das Leben nach dem Tode, das Wiedersehen mit den Gestorbenen. Lange schweigt sie, ganz in ihr Inneres gekehrt, dann sagt sie plötzlich: »Ich will auch glauben wie mein Sohn, und ich werde ihn wiedersehen.«

24. Mai. — Diese Nacht habe ich in einem Alptraum wieder die Szene vor mir gesehen, wie Hassel tot zurücksank. Das Bild steht mir den ganzen Tag vor Augen, ich kann meine Niedergeschlagenheit nicht überwinden. Als Sagamore meine Trauer bemerkt, fragt sie mich nach dem Grund, und ich gestehe ihr, wie sehr die Gewissensbisse mich wieder überfallen haben.

»Sei nicht traurig«, sagt sie, »Hassel ist glücklicher gewesen so, als wenn er bei uns im Wigwam geblieben wäre und hätte deinen Gott nicht kennengelernt.«

Das ist sicherlich wahr; aber darf ich ihr beipflichten? Sie fährt fort: »Und wir auch, wir sind jetzt glücklicher — jetzt, nachdem Hassel für uns gestorben ist.«

Ihr Sohn ist für sie gestorben, er ist gestorben, um ihr

die Freudigkeit des christlichen Glaubens zu schenken! Diese Schau ergreift mich so, daß ich kein Wort hinzufügen kann.

25. Mai. — Ich versuche, an das gestrige Gespräch, das für mich so schmerzlich war und mir doch so wohltat, wieder anzuknüpfen und erzähle Sagamore, wie Jesus gestorben ist, um den schuldbeladenen Menschen das Leben zu geben. Wir sprechen vom wohltätigen Leiden.

Sagamore sagt: »Es bedrückt mich jetzt nicht mehr, daß Hassel gestorben ist. Hat er uns durch seinen Tod nicht das Leben gegeben? Wie Jesus gestorben ist, um die Sünder zu erretten, so hat auch uns Hassel gerettet, als er starb. Ich bin froh, daß ich meinen Sohn dafür gegeben habe, daß das neue Glück über unseren Stamm kommt.«

Ihre Worte bewegen mich tief. Welch wunderbarer Trost für meine Not! Allerdings — darf ich selber es so hinnehmen? Darf ich glauben, daß der Tod, den ich verschuldet habe, der von Gott gewollte Weg ist, dieses Volk zu retten?

15. Juni. — Von Süden her kommt ein dumpfes Grollen. Erst dachte ich, es ziehe ein Unwetter auf, aber der Himmel ist klar, trotzdem hört das ferne Donnern nicht auf. Nicht nur die Menschen, auch die Tiere scheinen beunruhigt.

Um zehn Uhr abends gehe ich hinaus und steige auf den Hügel, von dem man weit nach Süden sehen kann. Die Tage sind jetzt am längsten, die Sonne ist noch nicht untergegangen, sie wird nur kurze Zeit unter den Horizont tauchen. Seltsamer Gegensatz! Die Sonne bestätigt, daß der Sommer vor der Tür steht, aber um mich herum, soweit ich blicken kann, herrscht immer noch tiefer Winter. Die Ebenen sind weiß, die Flüsse gefroren, in den Wäldern tönt kein Vogelsang, kein Summen von Insekten, nirgends schimmert eine Blüte.

Auf dem ganzen Land liegt das tote Schweigen des Winters. Um so verwunderlicher wirkt das gewitternde Donnern, beängstigend, drohend, und dennoch vernimmt man mit Freude, daß irgend etwas in der toten Natur sich zu regen beginnt.

16. Juni. — Das Donnern nimmt zu, von Stunde zu Stunde. Rentiere hasten in verängstigten Trupps durch den Wald und fliehen nach Norden. Das Dorf ist in vollem Aufruhr: die Wigwams werden abgebrochen, die Schlitten beladen, die Hunde sind angespannt.

»Sagamore, was ist los?«

»Wir müssen auf die Höhen fliehen. Hörst du nicht den Mackenzie?«

17. Juni. — Es war höchste Zeit. Wir sind auf dem Hügel angelangt, zu unseren Füßen dehnt sich meilenweit die winterstarre Ebene. Das Dröhnen des Mackenzies wird immer furchterregender. Wir halten den Blick auf die Talöffnung gerichtet, wo der gefrorene Flußlauf aus der Verengung hervortritt, und warten darauf, daß durch dieses Tor eine furchtbare Sturzflut hereinbricht.

Gegen zehn Uhr erschüttern heftige Stöße den Erdboden, gleichzeitig ertönt ein erschreckendes Krachen und Poltern und zwischen den Hügeln des Taleingangs bricht ein bräunliches Ungeheuer hervor, brandet an die Ufer und quillt über die Böschungen. Brüllend stürzt es über das Flachland, springt die Bäume an und zerrt sie nieder. Der Mackenzie ist kein Fluß mehr, sondern eine tobende Sintflut. Er schwillt zu einer Breite von zwanzig oder dreißig Kilometern an, alles, was sich ihm entgegenstellt, wird hinweggefegt. Eine Flutwelle bahnt ihm den Weg, sie führt ein wildes Geschiebe von riesigen Eisblöcken und entwurzelten Bäumen mit. Wie ein Rammblock fährt sie auf die Wälder los und verwüstet sie, wächst durch neue mitgerissene Stämme und wälzt sich brodelnd durch die Ebene. Im Sturmtempo schiebt sich die braune Masse über die Schneeflächen und löscht alles Weiße aus.

Von Schrecken gelähmt starren wir auf die tosende Flut, die sich unter dem Krachen des aufeinander prallenden Treibeises zu unseren Füßen vorüberwälzt.

Talabwärts, wo die Ebene aufhört, treten die Hügel nahe zusammen, dort wird der Strom eingezwängt. Die Eisblöcke stauen sich, stapeln sich übereinander, versperren den Weg, werden zusammengepreßt und türmen sich immer höher. In wenigen Augenblicken wächst eine riesige Staumauer empor. Die Fluten stoßen gegen das Hindernis und werden zurückgeworfen. Immer neue Wellen rennen dagegen an, fluten zurück und hinterlassen weitere Eismassen, die den Damm erhöhen. Das Wasser steigt, der See dehnt sich immer mehr aus und kriecht an den Hängen empor.

Unablässig gießt der Mackenzie neue Wassermassen in das Gewühl.

Ein gigantischer Kampf hebt an zwischen Wasser und Eis, zwischen Sommer und Winter. Im Süden hat der Sommer den Oberlauf des Mackenzie und die mächtigen Nebenflüsse schon von den Fesseln befreit, und ihre Gewässer stürmen nun vor und werfen sich gegen die Bastionen des Winters, der mit seinem Eiswall den Fluten des Sommers trotzen will. Aber das Leben triumphiert über den Tod. Der Kampf tobt erbittert, unter dem furchtbaren Druck des Wassers kracht der Eisdamm schließlich zusammen. In einem donnernden Höllenwirbel reißt der Strom die Barrikade mit fort, und die Flutwelle stürmt weiter, immer weiter nach Norden. Der Mackenzie hat sich den Durchweg erzwungen.

18. Juni. — Das Dröhnen des Flusses entfernt sich. Die Angriffe auf die Eisbollwerke setzen sich fort, aber das Kampfgetümmel verlagert sich immer weiter nach Norden. In den Tälern hallt das Krachen der sich folgenden Durchbrüche wider, mit denen die Flut sich den Weg in die Freiheit bahnt.

19. Juni. — Die Wasser sind ruhig geworden, majestätisch strömt der Mackenzie durch die Ebene. Seine Fluten sind braun und lehmig, bedeckt mit den Trümmern der durchbrochenen Sperren, der verwüsteten Wälder ... Was liegt daran! Das Eis ist gebrochen und nach neun Monaten Starre strömt wieder Bewegung.

Und der befreite Fluß ist auch ein Weg! Seine Quellflüsse entspringen auf dem »Hochland«, und von dort führen andere zum Saskatchewan, zu den Seen, nach Norway House.

Das Tauwetter, das die Flüsse befreit hat, löst auch die Fesseln meines Herzens. Monatelang war ich so bedrückt, daß ich kaum mehr an Heimkehr zu denken wagte. Jetzt ist auch das Eis in meinem Herzen aufgebrochen, und die Sehnsucht nach meiner Familie beherrscht meine ganzen Gedanken.

Das Opfer

22. Juni. — Das Kommen des Frühlings läßt meine Gedanken immer wieder nach Norway House wandern. Die Trennung kommt mir schmerzlich zum Bewußtsein, und

ich muß ständig an die Sorge meiner Frau denken. Seit meiner Abfahrt vor fast einem Jahr hat sie nichts von mir gehört, sicher lebt sie in dem Glauben, die Wilden hätten mich umgebracht, denn sie weiß aus den Erzählungen der Indianer, daß die Bluträcher keinen verschonen.

Ein ganzes Jahr muß ich nach dem heidnischen Gesetz noch hierbleiben. Soll ich fliehen? Die Flüsse und Seen werden bald alle offen sein. Der Mackenzie als der größte und stärkste durchbricht seine Eisdecke als erster, aber das Tauwetter wird in Kürze auch die anderen Wasserstraßen öffnen.

25. Juni. — Soll ich fliehen? Mein Kanu liegt bereit, das Rudern habe ich nicht verlernt. Seit einigen Tagen verfolgt mich die Versuchung. Aber ich will ihr nicht nachgeben. Die Indianer haben mich am Leben gelassen, ich habe mich ihnen anvertraut. Dürfte ich sie hintergehen, jetzt, wo ihre Herzen sich dem Evangelium aufschließen und sie mir zu vertrauen beginnen?

27. Juni. — An einem sonnigen Abhang habe ich zum erstenmal wieder das Murmeln eines Wässerchens gehört. Welche Freude, daß man sich wieder über eine lebende Quelle beugen kann! Das heitere Glucksen des kleinen Rinnsals weckt von neuem meine Fluchtgedanken. Ach, wenn ich streng bewacht würde, wenn die Bluträcher mich als Feind behandeln würden, ich hätte keinerlei Bedenken, mich aus dem Staub zu machen. Aber sie sind freundlich zu mir. Darf ich ihr Gesetz, nachdem es mich geschützt hat, übertreten?

12. Juli. — Schmetterlinge schweben durch die erwärmte Luft und flattern zu den ersten Blumen, die an geschützten Stellen ihre Augen öffnen. Die Schmetterlinge leuchten in der Sonne und freuen sich ihres Lebens. Glückliche We-

sen, sie wissen nichts davon, wie bald der endlose Winter zurückkehren wird!

Sonntag, 13. Juli. — Wie schwer ist es mir heute gefallen, das Wort zu verkündigen! Mein Herz war nicht hier, es flog in weite Fernen ... Es ist bitter, von der Hoffnung zu sprechen, wenn man sich selbst seine liebste Hoffnung versagen muß.

16. Juli. — Auf einer sonnigen Anhöhe habe ich vier Enzianblüten gefunden. Jedes Jahr habe ich in Norway House das erste Sträußchen meiner Frau gebracht, und wir feierten die Ankunft dieser Frühlingsboten wie ein Fest ... Die Fluchtversuchung überkommt mich wieder mächtig.

Abends. — Ich habe die Enziane Sagamore gebracht — ich werde bleiben! Sagamore hat sich über meine Aufmerksamkeit gefreut, mehr als ich erwartet hatte. Die kleinen Blumen schimmern in der Düsterkeit des Wigwams wie ein Hoffnungsstrahl.

18. Juli. — Die ganze Nacht habe ich wiederum mit mir gekämpft. Jetzt ist das Opfer endgültig beschlossen, das Opfer, das meinen Lieben eine größere Not bringt als mir. Ich bleibe also. In sechs Wochen werden die Flüsse im Norden schon zufrieren, der Winter setzt von neuem ein, und die Familie muß ein ganzes weiteres Jahr auf Nachricht warten — nein, sie wird gar nichts mehr erwarten, sie wird die Hoffnung aufgeben. Dennoch bleibe ich, die Treuepflicht verlangt es.

19. Juli. — Die Enzianblüten sind verwelkt, ich habe neue geholt. Sagamore hat bemerkt, wie sehr die kleinen Blüten, so oft ich sie betrachte, mein Inneres bewegen. Sie blickt mich schweigend an, bläst in die Glut des verglimmenden Feuers, und beobachtet mich wieder mit ihren schwarzen tiefsinnigen Augen:

»Mein Sohn, du sehnst dich nach deiner Tochter!« Sie legt ein paar neue Reiser ins Feuer, dann sagt sie still und ohne äußere Erregung, doch mit großer Freundlichkeit:

»Du kannst noch hin zu dem Kind, das du vermißt, geh nur! Die Flüsse sind offen, fahr zurück zu deiner Familie, sie wartet auf dich.«

Ihre Worte treffen mich so plötzlich, daß ich schwanke, die Stimme versagt mir. Sagamore hat sich wieder über das Feuer gebeugt, es dauert eine ganze Zeit, bis ich mich gefaßt habe.

»Mutter, du weißt, ich muß noch ein Jahr hierbleiben. Dein gutes Herz hat mich gerettet, ich bin dein Sohn, ich werde dir die Treue nicht brechen.«

»Du hast mich über Hassels Tod hinweggetröstet, mein Sohn, du hast mir vom Erlöser erzählt und daß er uns alle liebt, die Mütter und die Kinder. Du hast mir dieses Licht gebracht, mit ihm kann ich jetzt leben. Geh hin und tröste die, die dich brauchen.«

Sagamore hat den Plan, mich freizulassen, sogleich dem Stamm unterbreitet. Die Häuptlinge haben über ihren Vorschlag beraten, einige waren erstaunt, daß das Gesetz durchbrochen werden sollte, aber widersetzt hat sich keiner. Ich bin frei!

Ich habe mein Kanu überprüft, die »Lichtinsel« wird wieder die Überbringerin einer Freudenbotschaft sein. Sagamore versorgt mich mit reichlichem Proviant. Der Sommer ist kurz, und ich muß mich beeilen, wenn ich das »Hochland« erreichen und die Flüsse hinabfahren will, bevor sie von neuem zufrieren.

Sonntag, 20. Juli. — Der ganze Stamm hat sich versammelt und ist dem Ruf zum Gebet gefolgt. Die mich als

Sklaven verachteten, wollen den freien Mann, der sie verlassen wird, unbedingt hören.

Ich fühle mich tatsächlich in jeder Weise befreit. Zum erstenmal seit einem Jahr darf ich von der Befreiung durch das Evangelium sprechen. Welche Freude, daß ich nun endlich wagen kann, auch diesem Stamm den Gekreuzigten zu predigen.

Alle sind um mich geschart, welche Botschaft soll ich ihnen sagen? Hinter ihren wartenden Gesichtern erscheint mir das Bild des sterbenden Hassel: ja, ich will vom Opfer sprechen.

Der Seehund opfert sich für sein Junges, denn er liebt es. Ich beschreibe die zärtliche Fürsorge des Seehundes, selbst der Zauberer lauscht überrascht. Und aus Liebe opfert sich jede Menschenmutter für ihr Kind, sie setzt ihr eigenes Leben der Gefahr aus, um anderes Leben zu bewahren und zu schützen. Genauso ist der indianische Krieger bereit, sein Leben hinzugeben, damit der Stamm, den er liebt, weiterleben kann.

Sagamore unterbricht mich: »Ja, es gibt kein Leben ohne Opfer. Es gibt keine glückliche Familie, wenn nicht die Liebe einer Mutter da ist, die sich aufopfert. Es gibt keinen starken Stamm, wenn seine Kinder selbstsüchtig sind. Wer sich nicht opfern will, bringt das Leben zum Stillstand.«

Solche Einsicht überrascht mich kaum mehr in dem Munde einer Frau, die gesagt hat: »Ich bin froh, daß ich meinen Sohn gegeben habe.«

Nun fasse ich zusammen: »Ihr seid Söhne des Seehunds, ihr seid Kinder der Aufopferung. Das Opfer hat euch das Leben gegeben und es ist euer Zeichen. Aber es gibt noch ein anderes Opfer, das kennt ihr nicht, es schenkt ein ganz neuartiges Leben. Eure Herzen sind schlecht, ihr könnt nicht in Frieden nebeneinander leben, von da kommt euer Unglück. Gott liebt die Menschen, und um sie aus ihrem Unglück herauszuretten, hat er seinen Sohn gesandt, den er lieb hat wie der Seehund sein Junges. Der Retter hat Mitleid gehabt mit all den Unglücklichen, er hat sie geliebt, aber sie haben ihn nicht verstanden und ihn verfolgt. Er hat sie trotzdem geliebt und hat ihnen sein Leben gegeben. Er hat sich geopfert, damit sie das neue Leben bekamen, das Leben der Liebe.«

Dann erzähle ich, wie Jesus am Kreuz gestorben ist, und schildere sein Leiden, seine Hingabe. Die Indianer hören die erhabene Geschichte an, zuerst nur interessiert, dann in ihrem Herzen berührt und schließlich mit immer größerer Ergriffenheit.

»Jesus«, sage ich zum Schluß, »hat sein Leben für euch gegeben. Er, der Sohn Gottes, hat sich geopfert, damit eure harten Herzen ein neues Leben in Gott fänden. Wollt ihr nicht eure Bosheit aufgeben und glücklich mit Gott leben?«

Da ging durch den ganzen Stamm eine Welle, so mächtig wie die des Mackenzie beim Aufbrechen des Eises: ihre rauhen Herzen tauten auf, der Geist der Rache, der ihren Seelen den Weg versperrt hatte, wurde hinweggeschwemmt, und neue Ströme begannen zu fließen, zunächst noch von Schmutz getrübt, aber kraftvoll und dazu bestimmt, immer klarer und klarer zu werden. Gott hatte ihre Seelen ergriffen.

Mir selber fielen die Worte von Mustagan ein:

»Selbst wenn wir blind sind und von unserem Weg nichts sehen, wir gehen doch den Pfad, den wir geführt werden, und gelangen an den Ort, wo man auf uns wartet.«

Montag, 21. Juli. — In der ersten Morgenfrühe nehme

ich Abschied von meiner indianischen Familie. Als ich ins Kanu steige, steckt mir Sagamore eine Rolle zu: »Das sollst du auf Hassels Grab legen als Zeichen meiner Liebe.« Ich schaue hin: es ist eine Birkenrinde, darauf das Bild des Seehundes mit seinem Kind.

*

Tag um Tag eile ich die Flüsse hinauf. Jeder Aufenthalt ist mir schmerzlich, er verlängert die Leidenszeit meiner Frau.

30. Juli. — Der Sturm wühlt den Fluß auf und es regnet ohne Unterlaß. Ich fahre trotzdem weiter, denn ich will keinen Tag verlieren.

7. August. — Zwischen den Birken am Ufer tauchte ein Hirsch auf, er wäre eine angenehme Kostveränderung gewesen nach dem scheußlichen indianischen Dörrfleisch, aber das Zerlegen und Braten würde zuviel Zeit nehmen, ich habe keine Ruhe.

Auf der anderen Seite des »Hochlands« treffe ich vielleicht auf Rudermannschaften und erfahre etwas von zu Hause. Diese Hoffnung beflügelt meine Fahrt.

27. August. — Seit vierzehn Tagen liegt das »Hochland« hinter mir, doch Kanus aus Norway House habe ich noch immer nicht getroffen. Der Sommer geht zu Ende, anscheinend sind sie mir ein ganzes Stück voraus. Sie werden vor mir anlangen und den Meinen einen neuen Schmerz bereiten, weil sie wieder ohne Nachricht kommen. Ich rudere mit verdoppelter Kraft, vielleicht gelingt es mir, die Boote doch noch einzuholen.

2. September. — Herbstnebel liegen auf dem Fluß. Mein Ruder ist schwer. Ich nähere mich der Stelle, wo Hassel gestorben ist. Lautlos und ängstlich greift mein Ruder ins Wasser. Jetzt taucht die kleine Bucht auf, und dort ist die

Lichtung am Ufer, zwischen den Gräsern sehe ich den Grab-hügel. Die schmerzliche Erinnerung treibt mir die Tränen in die Augen.

An das Kreuz, das Oig damals auf das Grab pflanzte, vor mehr als einem Jahr, lehne ich die Birkenrinde mit dem Seehundsbild, von liebevoller Mutterhand gemalt; Kreuz und Seehund vereint auf einem Grabe mitten in der Wild-nis! Der Anblick rührt mich: sind nicht beide — in ganz verschiedener Art — Symbole der Liebe und des Opfers?

13. September. — Noch diese Biegung, dann werde ich das Dorf sehen. Ich bin erschöpft, nur mit Mühe kann ich noch das Ruder führen. Glücklicherweise trägt mich die Strömung meinem Ziel zu. Und plötzlich liegt die lang-entbehrte Heimat vor mir, im letzten Strahl der Abend-sonne. Die innere Bewegtheit verschleiert meinen Blick.

Kinder, die am Ufer spielen, haben mein Kanu erkannt. »Die Lichtinsel!« schreien sie aus vollem Hals. »Die Licht-insel kommt zurück!« Andere nehmen ihre Rufe auf, das ganze Dorf gerät in Aufruhr, alles stürzt heraus. Die Neu-igkeit verbreitet sich mit Windeseile, sie weht über die Dä-cher, sie dringt in jede Kammer, sie entdeckt zwei arme Frauen, die vierzehn Monate ihr Brot mit Tränen aßen, die sich verwitwet und verwaist glaubten. Ihre Tür fliegt auf, und auch sie kommen freudestrahlend angelaufen.

MACHT PLATZ FÜR DIE MUTTER!

An alles gewöhnt man sich, auch an das größte Glück, an das Glück, auf das das Herz nicht mehr zu hoffen wagte. Gestern haben wir den dritten Sonntag seit meiner Rückkehr gefeiert. Von allen Seiten strömt uns Freude zu. Aber heute hat mich wieder meine alte Traurigkeit gepackt, wieder quält mich der Gedanke an den Tod des armen Hassel. Ob ich je von dieser Qual befreit werde? Keine Spur von Vorwurf lag in seinem Blick, auch seine Mutter hat mir längst verziehen, und zwar von Herzen, ohne bitteren Rest. Und trotzdem finde ich in meinem Innern keine Ruhe. Es quält mich jeden Tag von neuem, daß ich den Freund, der sich mir anvertraute, getötet habe.

Maria, der meine Trauer nicht entgangen ist, hat mich getröstet. Welche Wohltat, wieder einen Menschen neben sich haben, der einen trösten kann! Aus sich hat sie zu mir gesagt: »Wir werden Sagamore immer einen Teil von deinen Einkünften schicken, als Ersatz für das, was ihr ihr Sohn gegeben hätte.« Auch ich hatte schon daran gedacht, aber ich war unschlüssig, ich wollte nicht, daß Maria und Eugenie sich deshalb einschränken müßten, mein Einkommen ist bescheiden. Nun werden wir es teilen: die beiden möchten es, sie wollen Sagamore, die mich gerettet hat, ihre Dankbarkeit bezeugen.

Maria hat sich sofort an Oozhuska gewandt. Oozhuska will im Winter zur Pelztierjagd an den Athabasca-See gehen. Er hat sich bereit erklärt, von dort aus zu den Bluträchern zu fahren und Sagamore eine Rindenbibel und unsere erste Gabe zu überbringen.

Ende September, nach einer Reihe schöner Tage, überzieht sich der Himmel. Das Auge erkennt keine drohenden Wolken, nur eine leichte, die Sonne trübende Dunstschicht, die aber zunimmt, eine bleigraue Färbung annimmt und immer dunkler wird. Die Ebene liegt tot und schweigend da, nicht der kleinste Windhauch regt sich um die Wigwams. Aber auf den Bergkämmen sieht man, wie die Wipfel der Tannen sich bewegen, schwanken, sich beugen, dort oben wütet schon der Wind.

Die Tiere des Waldes haben sich in ihre Schlupfwinkel zurückgezogen: sie spüren, daß die gute Jahreszeit vorüber ist. Auch wir schließen uns in unsere Hütten ein.

Und dann stößt der Sturm auch ins Tiefland herab, rüttelt heulend an den menschlichen Behausungen und wirbelt endlose Schneeflocken durch die Luft. Der weiße Teppich wird dick und dicker, in wenigen Tagen versinken wir im Treibschnee. Nun hat der Winter uns in seinen Krallen, und er wird uns nicht so bald daraus entlassen.

Man kommt sich vor wie ein Gefangener, und das bedrückende Gefühl wird mit jedem Jahre stärker. Der Winter ist da, aber unsere Widerstandskräfte sind nicht mehr die gleichen wie früher. Marias Gesundheit ist erschüttert, die vierzehn sorgenvollen Monate haben sie zerbrochen.

Als ich sehe, welche Leiden der Einbruch des Winters über unsere Gemüter bringt, wird mir klar, daß wir einen weiteren Winter hier nicht mehr ertragen werden. Noch vor dem nächsten Herbst müssen wir hier fort.

Wir sind geschwächt, aber nicht entmutigt. Das Missionswerk ist uns ein großer Trost. Verglichen mit anderen, haben wir es wirklich gut. Egède zum Beispiel, der vor einem Jahrhundert in Grönland wirkte, setzte vierzehn Jahre seine ganzen Kräfte ein, ohne daß der Arbeit irgendein Erfolg zuteil wurde.

Hier dagegen ist die Saat an vielen Stellen herrlich aufgegangen.

Eine der besonderen Freuden, die mich bei meiner Rückkehr empfingen, war der Erfolg der christlichen Rudertrupps in den beiden letzten Sommern. Sie, die den Sonntag einhielten, trafen trotzdem ausnahmslos in Norway House als erste wieder ein und waren weniger ermüdet als die anderen. Auch die Angestellten der Hudsonbay-Gesellschaft haben sich nun überzeugen lassen. Sie setzen jetzt der Einhaltung des Sonntags keinen Widerstand mehr entgegen, sie haben nun erfahren, daß die Sonntagsruhe nicht nur für das Wohlergehen der Ruderer nützlich ist, sondern auch für ihre eigenen Interessen.

Ein schönes und tröstliches Erlebnis wurde auch die Weihnacht, sie war ein echtes Friedensfest.

Die Indianer, die sich zum Glauben bekehrt hatten und die Freudigkeit des neuen Lebens spürten, wollten die, die nun ihre Brüder waren, kennenlernen. Als Angehörige ganz verschiedener Stämme — Stämme, welche früher ihren Lebenszweck und ihren Stolz darin gesehen hatten, sich gegenseitig zu befehden — kommen sie mit ihren Schlitten von allen Seiten an, einige aus weit entlegenen Gebieten, vereinigen sich auf der Ebene vor dem Dorf und schlagen ihre Zelte nebeneinander auf, um den Großen Geist, der die Wälder und Prärien erfüllt, gemeinsam anzubeten.

Menschen, die sich einst bis zum letzten bekriegt hatten, feierten nun Seite an Seite das Weihnachtsfest, sangen und beteten gemeinsam unter tief verschneiten Bäumen. Die herzliche Liebe, die sie als Christen einander bewiesen, bewegte uns tief, sie alle erfreuten sich eines Glücks, von dem sie früher nichts geahnt hatten.

Einer von ihnen rief aus, als er die allgemeine Freude sah und an die Zusammenkünfte früherer Zeiten dachte, bei denen alle nur von Aberglauben, Rachgier, Streit und Haß besessen waren: »Wer möchte nicht Christ sein! Daß der Große Geist doch zu den Herzen aller unserer Brüder spräche!«

Ein anderer, der früher ein gefürchteter Zauberer gewesen war, sagte: »Ich danke Gott, er hat mein Herz mit seinem Geist erfüllt. Er hat mir nicht den Weg gezeigt, meine Feinde zu vernichten, er hat mir die Kraft gegeben, sie zu lieben.«

Als Weihnachten vorbei ist, kommen wieder düstere Tage. Gewiß, viel Beglückendes ist uns zuteil geworden; aber ich kann mich nicht mehr unbeschwert daran erfreuen, irgendeine Feder in meinem Innern ist zerbrochen. Mein früher so kräftiger Körper ist durch die Überanstrengungen verbraucht. Die langen winterlichen Fahrten erschöpfen mich, und die eisige Kälte beim Kampieren im Freien kann ich nur noch schwer ertragen. Es bedrückt mich, daß ich meine Aufgabe nicht mehr ganz erfüllen kann.

Das Schlimmste ist, daß nicht nur die Körperkräfte abgenommen haben, sondern auch die innere Begeisterung. Nicht daß meine christliche Überzeugung, mein Glaube jetzt wankte, im Gegenteil, die durchgemachten Nöte haben ihn gefestigt, angeschlagen ist vielmehr die Unternehmungslust, der frische Mut. Immer wieder steigt das Bild von Hassels Tod vor mir auf, und dann fühle ich mich wie ein Greis. Ich muß die Dinge sehen, wie sie sind: wir müssen fort von hier.

Es ist ein bitterer Entschluß, unsere Indianer zu verlassen, gerade jetzt, wo sich ihre Herzen aufschließen. Ihr ganzes Leben hat sich durch das Licht des Evangeliums verwandelt. Wir sind immer tief bewegt, wenn wir sehen, wieviel Zartheit in den ehemals so harten Charakteren aufblüht.

Ich muß an das Gespräch denken, das ich vor einigen Jahren mit einem Solto-Häuptling führte, hier in der Nähe. Auf meine Frage, was er tue, antwortete er grinsend:

»Ich habe meine Mutter mit einem Strick erwürgt, und jetzt habe ich ihren Leib zu Asche gemacht, sonst kommt ihr Geist nachts zurück und stört mich.«

»Und warum hast du sie getötet?«

»Zu alt war sie, zu nichts mehr zu gebrauchen. Sie fing keine Fische mehr, sogar Schlingen legen konnte sie nicht mehr. Es war mir zu lästig, sie noch weiter zu füttern!«

Hätte man gedacht, daß man die Herzen solcher Unmenschen jemals würde anrühren können? Aber das Unglaubliche ist Tatsache geworden, und wir sehen überall die Früchte.

An der gleichen Stelle, wo der Häuptling damals seine Mutter umbrachte, steht heute eine kleine Holzkirche. Es ist Sonntagmorgen: von allen Seiten kommen die Indianer und treten schweigend ein. Die Mütter haben ihre Babies bei sich; sie tragen sie in einem moosgefüllten Lederbeutel auf dem Rücken und hängen ihre kostbare Bürde an Pflökke, die zu diesem Zweck in die Wände eingelassen sind. Der Raum füllt sich, der Gottesdienst wird gleich beginnen. Da entsteht an der Türe eine ungewohnte Bewegung. Was geht dort vor? Zwei Indianer haben aus ihren Händen einen Tragstuhl gemacht und bringen ihre alte, invalide Mutter auf ihren Platz im Gotteshaus. Den ganzen Weg von ihrem Wigwam aus, zwei Kilometer, haben sie sie so

getragen. Der dritte ihrer Söhne bahnt ihnen einen Durch-
gang durch die Menschenmenge:

»Macht Platz für die Mutter!« Bald darauf ist die Mutter auf einer Decke, die sie auf den Boden breiten, sorgsam
untergebracht. Der älteste Sohn legt ihr zärtlich seinen starken Arm um die Schultern, damit sie sich dagegen lehnen
kann.

EIN WUNDER

Gegen Ende des Winters brachten die Indianer, die vom
Jagdzug zurückkehrten, beunruhigende Nachrichten mit:
eine Blatternepidemie sei ausgebrochen, sie verbreite sich
nach allen Seiten und richte furchtbare Verwüstungen an.
Nicht lange danach erreichte die Seuche auch uns.

Die Überlebenden eines heidnischen, von der Krankheit
dezimierten Stammes setzten sich zusammen und berieten
sich, wo die Seuche ihren Ursprung habe. »Das Übel kommt
von den Missionaren«, erklärten die Zauberer. Die Indianer beschlossen, sich zu rächen und umzingelten unser
Dorf. Ehe sie jedoch zum Angriff übergingen, sandten sie,
wie das ihre Taktik ist, Spione aus. Die Spione kamen,
sahen sich um und kehrten höchst erstaunt zurück: auch
die Christen seien von der Krankheit befallen! Darauf setzten sich die Angreifer von neuem zur Beratung zusammen
und kamen zu dem Schluß, daß die Krankheit nicht vom
Missionar kommen könne, denn wenn er der Seuche zu
befehlen vermöchte, würde sie die Seinen verschont haben.

Die Indianer gaben also ihre Mordpläne auf und zogen
wieder ab. Erst hinterher erfuhren wir, welche Gefahr uns

gedroht hatte. Zu den Nöten, die die Seuche uns bereitete, kam nun noch die Angst vor heidnischen Racheakten.

Die Blattern legten auch sämtliche Transporte lahm. Ein Teil der Ruderer erkrankte, die übrigen waren geschwächt: vor allem durfte man die Seuche nicht noch weitertragen. Jeder hatte Angst vor Ansteckung.

Anfang Juni war die Epidemie in unserem Gebiet erloschen, aber weiter landeinwärts wütete sie noch immer. Auf die Flüsse wagten sich nur wenige Verwegene, von ihnen hörte man von Zeit zu Zeit die Neuigkeiten. Besonders schlimm, sagten sie, seien die Indianer in den Rocky Mountains heimgesucht, die gefürchteten Schwarzfüsse.

Die Überlegungen, die die Nachricht bei unseren Leuten auslöst, sind nicht gerade wohlwollend:

»Von den Schwarzfüßen kommt immer nur Unheil; jetzt werden sie noch schlimmer als vorher.« Dann erfahren wir, daß bei den Schwarzfüßen Hungersnot herrscht. Der Krankheit wegen haben sie den ganzen Winter über kaum auf Jagd gehen können. Der Ausfall der Transporte, die ihnen jedes Jahr als Tauschgut für die Pelze Lebensmittel bringen, wird nun für die Hungernden zu einer wahren Katastrophe werden.

Was tun? Die Lager in Norway House sind vollgestopft mit Lebensmitteln, die bestimmt waren für die Tauschgeschäfte dieses Sommers — sollen wir den Schwarzfüßen zu Hilfe kommen? Unsere Indianer drängen sich nicht. Die Ruderer sind selbst geschwächt, und die vielerlei Gefahren der dreimonatigen Fahrt wollen sie nicht ausgerechnet um ihrer Erbfeinde willen auf sich nehmen.

»Mit den Schwarzfüßen braucht ihr kein Mitleid zu haben«, sagt einer der Jäger, »sie selber haben auch keines. Einer ihrer Stämme hat die Blattern früher bekommen als die Nachbarstämme und hat Kleider von Kranken auf deren Gebiet gebracht, aus Bosheit haben sie die Seuche also selbst verschlimmert. Jetzt nagen sie am Hungertuch — sie haben es nicht anders verdient.« Seine Meinung wurde von der Mehrzahl geteilt.

Darauf lasse ich die christlichen Indianer in der Kirche zusammenkommen, und wir bereden, ob und wie wir den Verhungernden zu Hilfe kommen können. Vielleicht, sage ich, sind sie durch die Krankheit umgänglicher geworden. Ich finde aber keinen Widerhall. »Sie sind zu grausam; warum sollen wir ihnen helfen — damit sie uns noch mehr schaden?« — »Ihre Bosheit kann durch nichts gebessert werden.«

Dann erhebt sich Kahwonaby: »Brüder, ich denke, wir sollten hinfahren. Die Schwarzfüße sind unverbesserlich, auch ich glaube nicht, daß die Krankheit ihre Herzen erweicht hat. Nein, Missionar, du kennst sie nicht. Aber hinfahren, meine ich, müßten wir trotzdem. Hat Jesus nicht gesagt: ›Tut Gutes denen, die euch hassen?‹ Wenn ihr nur zu euren Brüdern freundlich seid, was tut ihr dann Besonderes? Tun so nicht auch die Heiden? Im Namen Jesu werden wir hinfahren, wir werden den Hungrigen zu essen geben. Wer weiß, vielleicht wird dann Jesus selber sie anrühren, vielleicht wird seine Liebe größer als ihr Haß sein. Ich, Brüder, fahre hin. Wer kommt mit?«

Kahwonaby hat gesprochen. Die Versammlung bleibt stumm. Ich will gerade Kahwonaby danken, da ruft eine Stimme: »Ich komme mit!« dann eine zweite und noch eine, immer mehr ... Die besten unserer Ruderer stehen auf. Einer sagt:

»Ich fahre mit, wenn Kahwonaby unser Führer ist.«

»Ja, du mußt unser Anführer sein, Kahwonaby.«

»Nein, Missionar, ich werde kräftig rudern, aber als Führer wähle einen anderen.«

»Der Herr braucht dich.«

»Ayumeavookemou, gib mir einen Tag zum Überlegen.«

»Gut, wie du möchtest. Und morgen kommen wir hier wieder zusammen und bereiten alles vor für die Fahrt.«

Am nächsten Tag ist die Kirche bis zum letzten Platz gefüllt. Kahwonaby hat sich entschlossen, die große Verantwortung zu übernehmen und die Hilfsaktion zu leiten. Hundertsechzig Ruderer mit zwanzig Kanus voller Lebensmittel werden teilnehmen. Sie werden sich immer in der Mitte der Flüsse halten, auch zum Essen und Schlafen in den Kanus bleiben und nicht von Wild, sondern nur von Fischen leben; auf diese Weise wird die Gefahr der Ansteckung vermindert. Als alle Einzelheiten festgelegt sind, fragt mich Kahwonaby:

»Missionar, können wir die Abfahrt auf Montag verschieben? Zwei Tage sind sowieso nicht zu viel, wenn wir alles richtig vorbereiten sollen, und außerdem möchten wir den Sonntag noch mit unseren Familien verleben, und du teilst uns das Abendmahl aus, uns Ruderern, die fortfahren und vielleicht nicht heimkehren, und den anderen, die hier in Sorge auf uns warten werden.«

Am Sonntag, nach der Abendmahlsfeier, schreiten die hundertsechzig Ruderer schweigend an mir vorüber, Menschen, die entschlossen sind, ihr Leben, wenn es gefordert wird, aus Liebe hinzugeben. Hinter ihnen kommt der lange Zug der Angehörigen, auch sie mit der inneren Bereitschaft zum Opfer. Vor Tagesanbruch sind die Mannschaften am nächsten Morgen am Ufer versammelt, jede an ihrem Kanu. Das ganze Dorf steht schweigend dabei. Zum nachtdunklen Himmel steigt das Gebet auf: »Herr, führe sie, sie fahren im Namen deiner Liebe.« Gleich danach setzen sich die Ruderer auf ihre Plätze und fahren los, ein Boot reiht sich ans andere. Der Aufbruch vollzieht sich ohne Worte, ohne Abschied, in einem ernsten, eindrucksvollen Schweigen.

Vom Ufer folgen ihnen unsere Blicke. Noch lange hören wir das rhythmische Geräusch der Ruder, die ins Wasser tauchen. Während sich das erste Tageslicht am Himmel ankündigt, kehren die Hiergebliebenen zu ihren Hütten zurück; bald, wenn es hell wird, werden sie in ihren kleinen Gärten an der Arbeit sein, als wäre alles wie sonst.

Dann vergehen lange Wochen in monotonem Gleichmaß. Von den Ruderern trifft keine Nachricht ein. Vor einiger Zeit hat der Leiter der Hudsonbay-Gesellschaft den hiesigen Indianern mitgeteilt, sie möchten sich aus ihren Reihen einen befähigten Mann als Führer wählen, der ihre Belange vertreten könne. Es handelte sich um eine einträgliche und sehr verlockende Stellung.

Als die Frage nun am Ratsfeuer erörtert wird, fällt die Wahl einstimmig auf Mustagan, der wegen seiner Tüchtigkeit als Führer von allen hochgeschätzt wird. Aber Mustagan lehnt ab, zur allgemeinen Überraschung: jetzt, wo er Christ sei, wolle er sich in erster Linie seiner Familie und seiner Kirche widmen; die vielfältigen Aufgaben eines Häuptlings würden ihn von seinen eigentlichen Pflichten fortziehen. Er schlage Kahwonaby vor, Kahwonaby sei geschickt und besitze alle Fähigkeiten, die ein Mittler zwischen Weißen und Indianern brauche.

Die beiden, Mustagan und Kahwonaby, schätzen und achten sich gegenseitig, und sie ergänzen sich aufs beste. Sie haben es während meines langen Fortseins verstanden, meine Frau zu stützen und das Leben der Gemeinde aufrecht zu erhalten. Ich käme selber in Verlegenheit, wenn ich sagen sollte, wen von beiden ich als Häuptling für den geeigneteren hielte.

Da Mustagan nun abgelehnt hat, beschließen wir zu warten, bis die Hilfstrupps, von denen wir noch immer keine Nachricht haben, wieder da sind.

Mitte August trifft die Hilfsbrigade endlich ein. Die Fahrt war sehr anstrengend. Die Ruderer sind alle ziemlich mitgenommen, vor allem bedrückt sie das viele Elend, das sie an den Ufern gesehen haben: überall verlassene Wigwams, die Familien geflohen oder von der Seuche ausgelöscht. In der Nähe der hungernden Schwarzfüße hat der Rettungstrupp die Lebensmittel hingelegt und ist dann eilends wieder umgekehrt. Alle sind glücklich und dankbar, daß sie die heimischen Gestade wohlbehalten wiedersehen.

Kahwonaby hat die Expedition mit großer Umsicht und Aufopferung geleitet, aber das Gefühl seiner großen Verantwortung hat seine Kräfte überspannt. Die wunderbare Liebestat für seine Feinde kostet ihn das Leben. Er hält sich noch aufrecht, bis das letzte der zwanzig Boote wieder eingetroffen ist, dann, als er sieht, daß die ihm Anvertrauten alle geborgen und in Sicherheit sind, bricht er zusammen. Der »Sohn des Bibers« hat die Kräfte seines Herzens bis zum letzten hergegeben. Wenige Stunden nach seiner Rückkehr stirbt er. Er beschließt sein Leben in Zuversicht und innerem Frieden:

»Gott ist meine Freude und Hoffnung, auf ihn vertraue ich.«

DER KÖNIGSADLER

Am Tage nach Kahwonabys Beerdigung kommt Mustagan zu mir. Der Tod seines Freundes geht ihm sehr nahe, noch mehr aber bewegt ihn der Gedanke, wie selbstlos dieses Leben im Dienst für andere hingegeben wurde.

Um unsere Unterhaltung abzuschließen, sage ich zu ihm:

»Jetzt kannst du das Amt des Häuptlings aber nicht mehr zurückweisen, Mustagan.«

»Doch, jetzt gerade. Du, Missionar, wirst uns bald verlassen; und Kahwonaby ist nicht mehr unter uns. Ich meine, die Gemeinde wird mich jetzt brauchen, meine ganze Kraft. Deshalb bin ich zu dir gekommen. Ich wollte dir sagen, daß mein Entschluß jetzt feststeht: du hast mich gelehrt, meine indianischen Brüder zu leiten, laß mich ihr Lenker sein, bis du zurückkommst.«

Mustagan verzichtet also auf die einträgliche Stellung als Häuptling. Sein Entschluß bewegt und freut mich, und ich werde das Missionswerk unbesorgt in seine Hände legen, er wird es treu verwalten, bis wir wiederkommen. Aber werden wir denn wiederkommen?

»Bruder, wir werden bald auseinandergehen, du wirst das Wort hier bewahren und erhalten. Sage mir doch: von welchem Zeichen ist deine Seele, als du klein warst, geformt worden?«

»Erinnerst du dich noch an den Indianer, den wir damals trafen, ganz oben im Norden, jenseits der Wälder?«

»Der sofort begriff, daß Gott unser Vater ist und daß wir alle Brüder sind?«

»Ja, der gleiche. Und weißt du noch sein Totemzeichen?«

»Adlerfedern.«

»Auch ich bin ein ›Sohn des Königsadlers‹.«

»Mustagan, kann der Adler lieben?«

»Wenn der Adler sein Junges fliegen lehrt, und die ungeübten Flügel werden müde, dann stürzt sich der Vater in die Tiefe, fängt sein Kind mit seinen eigenen Flügeln auf und trägt es sicher durch die Luft. Ich bin ein Sohn des Königsadlers. Wenn du fern bist, Missionar, will ich der Lenker der Gemeinde sein, und der Adler, der sie trägt.«

Der August läßt die Tage merklich kürzer werden. Um diese Zeit passieren die Seeschiffe die Hudsonstraße und laufen in die Bucht ein. Sobald ihre Geschäfte abgewickelt sind, rüsten sie zur Heimfahrt. Bald werden die Kanus den Nelsonfluß hinunterfahren und uns mitnehmen.

Am 21. August brechen wir auf und verlassen die betrübten Freunde. Im Morgennebel, der den Fluß bedeckt, ist das Dorf nach wenigen Minuten unserem Blick entschwunden. Unsere Herzen sind beklommen: das Beste unseres Lebens, vielleicht das Leben überhaupt, liegt hinter uns.

Als das Tageslicht allmählich zunimmt, zerfließen die Nebel, und das Wasser glitzert in der klaren Herbstsonne. Das leichte Kanu gehorcht den Stößen unserer prächtigen Ruderer und gleitet rasch dahin. In meinem Herzen klingt eine neue Hoffnungsfreude auf. Bewundernd und bewegten Herzens betrachte ich die starken, muskulösen Leiber, die klugen, gutgeschnittenen Gesichter, das ruhige, von Zuversicht erfüllte Lächeln. Ich habe überall den unberührten, den glücklichen Indianer gesucht, und nirgends habe ich ihn gefunden. Aber diese sind ja glücklich; in ihren Herzen wohnt eine großmütige und gütige Gesinnung, sie wissen um die Liebe Gottes.

Das Boot fährt den Fluß hinab, und mir ist, als führe ich genauso rasch den Strom meines Lebens hinunter. Und doch keimt eine große Freude in mir auf: ich sehe Hassel wieder vor mir — »er starb für die Seinen«, sagte seine

Mutter; ich sehe Kahwonaby, der sein Leben hingab, um die darbenden Feinde zu retten; und ich sehe Mustagan, der sich der großen christlichen Familie weiht... Und mein Herz frohlockt: was ich in ihnen vor mir sehe, ist der edle und verläßliche Indianer meiner Träume, er hat gelernt zu lieben, ja, sogar sich aufzuopfern. Endlich habe ich ihn doch gefunden, den Indianer meiner Kindertage: es ist der, der Glauben fand.

29. September 1846, in Quebec.

Nicht ohne Schwierigkeiten hat sich unser Schiff seinen Weg durch das Treibeis gebahnt, das die Hudsonstraße zu blockieren drohte. Bevor wir den Ozean überqueren, legen wir in Quebec an. Ich gehe an Land und pilgere zum alten Heim meiner Eltern.

30. September. — Die Lücke zwischen den hohen Bäumen, ist das nicht die Stelle, wo der Pfad sich ins Dickicht schlängelte? Und dort an der alten Tanne, war dort nicht die Gabelung? Ja, und auch die Lichtung ist noch da, die geliebte Lichtung meiner Kindertage. Doch die Bäume sind gewachsen, was damals Lichtung war, ist jetzt ein Stück des Waldes, nur jünger als das übrige.

Ich suche die Erinnerungen, die Bilder von damals möchte ich heraufbeschwören, aber es gelingt nicht. Und das letztemal, vor sieben Jahren, war doch alles noch lebendig, sogar den Freund meiner Jugendträume glaubte ich zu sehen. Ach, die Erlebnisse der letzten Jahre haben die Erinnerungen ausgelöscht, die Kindheitsbilder überlagert und verdrängt, die Träume sind der harten Wirklichkeit gewichen.

Ich schließe die Augen... Vergeblich, die Bilder kehren nicht zurück. Plötzlich richte ich mich auf, ich weiß, warum die Lichtung schweigt; auf dem kleinen Hügel fehlt das Totem!

Auf ein Rindenstück zeichne ich mit Kreide einen Rentierkopf mit seinen breiten Schaufeln, dann lege ich das Totemzeichen an die alte Stelle und versuche wieder, mich zu sammeln. Und ein letztesmal bevölkert sich die Lichtung nun mit lebenden Gestalten: wieder sehe ich die Wigwams von damals, die Rauchwölkchen, den stolzen Gang der Rothäute, die spielenden Kinder; und ich sehe den Indianer wieder, der mich auf meinem ganzen Lebensweg geheimnisvoll begleitet hat.

Aber ist er es tatsächlich? Das Antlitz, das jetzt vor mir aufsteigt, ist es das gleiche, das mich vor fünfunddreißig Jahren so beeindruckt hat? Es scheint so. Ja, ich erkenne es, doch dann verwischen sich die Züge, sie verwandeln sich. Der Blick wird noch durchdringender und klarer, ist es Mustagan? Jetzt schauen die dunklen Augen sanfter: es ist Kahwonaby! Und wieder wandelt sich der Ausdruck, die Augen umwölken sich mit Trauer: mich trifft der Blick des sterbenden Hassel.

Sie ziehen an mir vorüber, ihre Züge vermischen sich und treten wieder auseinander, jeder von ihnen verfließt für einen Augenblick mit dem Indianer meiner Kindheit und löst sich wieder ab.

Ich stehe auf: auch ich bin nur ein Wesen, das vorüberzieht. Ich verlasse den Hügel, dann, nach ein paar Schritten, kehre ich noch einmal zurück.

Die Indianer, wieviel Edles wohnt trotz allem in der Seele dieses Volkes! Das Totem ihres Stammes im Herzen tragend, als Vorbild und Ansporn, sind sie durch die Herrlichkeit des Opfers bis zur wahren Liebe aufgestiegen. Zum Gedächtnis derer, die ihr Leben hingegeben haben, zeichne ich auf das Rindenstück über das Geweih des Rentiers, ein Kreuz.

James Evans kam nach England zurück. Erschöpft durch die ungewöhnlichen Strapazen, bedurfte er dringend der Ruhe. Aber ohne Betätigung konnte er nicht leben. Noch immer, sagte er, sehe er den sterbenden Hassel. Um von den Triumphen des Evangeliums bei den Rothäuten zu künden, unternahm er eine Vortragsreise.

Am 22. November 1846, einem Sonntag, leitete er abends eine missionarische Versammlung in seiner Heimatstadt Hull. Die große Gemeinde war von seinen ungewöhnlichen Erzählungen begeistert, sie blieb in der Kirche sitzen und verlangte immer weitere Geschichten. Trotz seiner Übermüdung mußte er stundenlang reden.

Nach der Versammlung ging er mit seiner Frau zu Freunden. Es war schon spät, aber dennoch unterhielt man sich noch lange. Man sprach von der Möglichkeit, zu den Indianern an der Hudsonbay zurückzukehren. »Was für ein herrlicher Gedanke, wieder in Norway House zu sein!« sagte Mrs. Evans. »Ich habe aber eine Ahnung, daß wir die Indianer nie mehr wiedersehen.« Er blickte sie mit einem stillen Lächeln an und meinte: »Nun, der Himmel ist hier genauso nahe wie in Norway House.«

Am 25. November 1846 wurde Evans, der Pionier im Land der Rothäute, in der Kirche seiner Heimatstadt begraben.

Andreas Markusson

In der Finsternis wohnen die Adler

360 Seiten. ABCteam-Taschenbuch

Nach Tagebuchaufzeichnungen und historischen Quellen erzählt Markusson das Leben von Laestadius, einem der bedeutendsten Männer der finnischen Kirchengeschichte.
Laestadius arbeitet im 19. Jahrhundert jahrzehntelang als Pfarrer in Lappland und kämpft mit all seiner Kraft gegen Alkoholismus und Armut, die das Volk der Lappen mehr und mehr verelenden lassen. Schließlich gibt Laestadius verzweifelt auf. Schwer erkrankt – er rechnet mit seinem Tod – erkennt er, daß er selbst ein Verlorener ist, nicht besser als ein Branntweinhändler und Schnapsbrenner. Doch Laestadius wird wieder gesund und macht sich auf, Gott zu suchen.

Eine Leseprobe:
Jetzt war es Abend. Bald Nacht. Der Himmel spannte sich wie ein gewaltiges blaues Dach über die Schneewüste. Mit einer unendlichen Mannigfaltigkeit von Sternen war er übersät. Über dem Nordhimmel stand ein Nordlichtband und flackerte und bebte. Die Rentierrücken standen voller Reif. Der Frost biß in die Nase. Er strich mit der Hand übers Gesicht. Es war vereist. Noch waren es mindestens zwei Meilen bis nach Hause. Und sie war allein. Vielleicht hatte sie das Kind geboren und hatte nicht die Kräfte, für sich selbst oder das Neugeborene zu sorgen. Er sah es vor sich, wie sie daliegen und mitansehen mußte, wie das Leben in

dem Kind, das sie geboren hatte, verlosch, während ihr eigenes langsam abebbte.

Er erhob sich und blieb stehen. Die Worte Heikas brannten jetzt schlimmer noch, denn erst jetzt sah er, wie wahr sie gewesen waren. Vor sechs Tagen war er fertig zur Abfahrt gewesen. Und das wäre gut gewesen. Er aber war zu Heika gegangen, um sich eine Kanne für den Weg zu kaufen. Dann kam es dazu, daß er trank. Weshalb sollte er es nicht? Er kam ja früh genug in seine Hütte in Jäkvik zurück. Aber an jenem Tage kam es nicht zur Abfahrt. Am nächsten ging es nicht besser. Und am dritten war Unwetter, so daß er nicht fortkonnte. Da trank er, um zu vergessen.

Wenn er endlich heimkam, fand er vielleicht zwei erfrorene, blutige Körper. Er konnte nicht mehr sitzenbleiben, stand auf und trottete neben den Lasten auf und ab. Die Rentiere hatten zu fressen begonnen. Wenn er wartete, erholten sie sich vielleicht. Aber er hatte keinen Augenblick zu verlieren. Es ging ja um ein Leben. Ja, das spürte er. Sie war in Not. Einen Augenblick dachte er die Rentiere und Lasten zurückzulassen. In einer guten Stunde würde er daheim sein. Aber dann war es ungewiß, ob er Rentiere und Lasten je wiedersehen würde. Und es war so nötig, daß er mit dem Wenigen heimkam, das er zusammengebracht hatte. Und die Rentiere waren ja das einzige, was er besaß. Sie konnten sich ohne die Tiere nicht durch den Winter bringen. Nein, er mußte schon Tiere und Lasten mitnehmen. Er mußte warten und sie sich ordentlich erholen lassen. Sie fraßen jetzt tüchtig. Er holte mehr Moos und legte es ihnen vor.

Er versuchte sich zu setzen, doch die Gedanken gaben ihm keinen Frieden. So deutlich sah er es vor sich, wie sie dalag und umkam. Sie hatte sich etwas geängstigt. Es war ja nicht so leicht. Ihr erstes Kind, und sie war schon bei Jahren. Und so allein in der Einöde. Er würde ihr schon helfen, hatte er sie getröstet, wenn sie darüber sprach. Als er Bergchef war, hatte er in solchen Fällen oft geholfen. Es würde schon gutgehen, sie würde sehen. Und so hatte sie sich beruhigt und sich nur darauf gefreut, das Kind zu bekommen.

Du bleibst doch nicht lange fort? hatte sie gesagt, als er davonzog. Er hatte die Angst in ihrem Blick gesehen.

Nein, ich komme bald zurück.

Wenn man dich nicht festhält . . .

Er hatte nichts erwidert. Sie hatte an den Branntwein gedacht. Er hatte es gefühlt und hatte sich gelobt, daß es diesmal nicht so gehen sollte wie sonst, wo er tagelang liegenblieb. Nur Lüge war es gewesen. Die ganze Zeit über hatte er gewußt, daß er nicht eher auf den Heimweg kommen würde, ehe er sich ein paar kräftige Räusche angetrunken hatte. Auch daß er einige Tage lang nichts getrunken hatte, war nur Unsinn und Lüge. Jetzt gestand er sich ein, daß er an jenem Abend nicht nur deshalb zu Heika gegangen war, um sich ein paar Kannen für den Heimweg zu kaufen. Nur um zu trinken, war er gegangen! Um zu trinken – nur um zu trinken! Gleichgültig war es, was er trank, wenn es nur trunken machte. Gleichgültig war es auch, mit wem er trank, wenn es überhaupt jemand war. Und während er dies tat, lag sein Weib und verging in Kindesnot in einer Erdhütte oben in den Bergen.

Was, zum Teufel, hatte er in dieser gottverlassenen Hölle zu suchen? Siedeln? Ha! Das klang so verdammt schön. Ein Kolonist in der Einöde! Die Hauptsache war wohl gewesen, daß da eine Erdhütte fertig stand und daß Anna eine Kuh hatte. Er war ja nicht der erste, der das versucht hatte. Vielleicht konnte er das andere wieder in Ordnung bringen, was er hatte aufgeben müssen? Was sollte aus Anna und ihm übrigens werden? Was wollte er mit ihr überhaupt?

Gleich sprang er auf. War es wirklich so weit gekommen mit ihm? Im selben Augenblick erhob sich etwas in ihm und widersprach. Nein, so war es nicht. Er wünschte ihr nicht den Tod. Noch etwas anderes steckte in ihm. Er mußte zur Hütte, und zwar sofort. Er mußte sich eine Last auf die Schultern laden und die Rentiere und das übrige zurücklassen.

Sollte er es noch einmal versuchen? Er legte die Peitsche weg, nahm die Zügel und führte. Die Rentiere liefen in der Schneeschuhspur. Es ging unglaublich. Die Tiere hielten besser durch, wenn es gleichmäßiger ging. Ab und zu trug der Boden, und dann ging es im Trab. Hier und da machte er Halt, hielt den Atem an und lauschte. Nein, kein Laut. Vielleicht hatte er Glück und bekam es nicht mit den Wölfen zu tun. Die Stunden verrannen. Zuweilen blickte er nach den Sternen. Es war weit über Mitternacht. Aber der Weg begann kürzer zu werden. Jetzt war es nur noch die letzte große Bucht über den See. Wenn er nur den Mut aufbrachte, sich hinauszuwagen. Viel Zeit würde er sparen, wenn er den Umweg nicht zu machen brauchte. Einen kurzen Augenblick stand er da und überlegte. Dann fuhr er aufs Eis hinaus. Es trug! Er warf sich auf den Schlitten, und die Rentiere setzten zum Trab an.

John C. Pollock
Hudson Taylor
Pionier im verbotenen Land

256 Seiten. ABCteam-Taschenbuch. 4. Auflage

John Pollock ist der erste, dem es gestattet wurde, die Originalbriefwechsel und Tagebücher Taylors für seine Biographie heranzuziehen.

In James Hudson Taylor begegnen wir einem mutigen jungen Mann, der es wagte, unter schwierigsten Umständen ins Innere von China vorzudringen. Allein und auf sich gestellt macht er sich auf den Weg, scheut weder Gefahren noch Mühen, denn er ist gewiß, daß Gott ihn beauftragt hat und ihn auch beschützen wird. Spannend ist es zu lesen, wie er in Kontakt kommt mit dem chinesischen Volk. Um den Menschen dort zu begegnen, ergreift er ungewöhnliche Mittel.

Im Jahre 1865 gründete James Hudson Taylor die China-Inland-Mission (heute Überseeische Missions-Gemeinschaft).

Im letzten Teil des Buches wird berichtet, was im heutigen China vom Lebenswerk Taylors geblieben ist.

BRUNNEN VERLAG GIESSEN

Brunnen Taschenbücher